多少樓臺煙雨中

近代史料拾遺

蔡登山——著

我親見的梅蘭芳

薛觀瀾談京劇

謙 廬 隨 筆

日本名醫眼中的民國人物
復刻典藏本

往事

毛 彥 文 回 憶 錄

我在
蔣介石與汪精衛
身邊的日子

臧卓回憶錄

- 蔣介石、張學良與北洋軍閥
- 藏書與讀史

杜月笙
秘書見聞錄

上海大亨

杜月笙

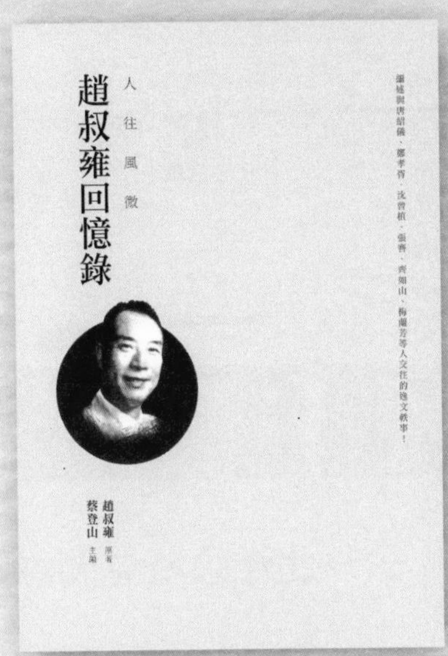

人往風微——

趙叔雍回憶錄

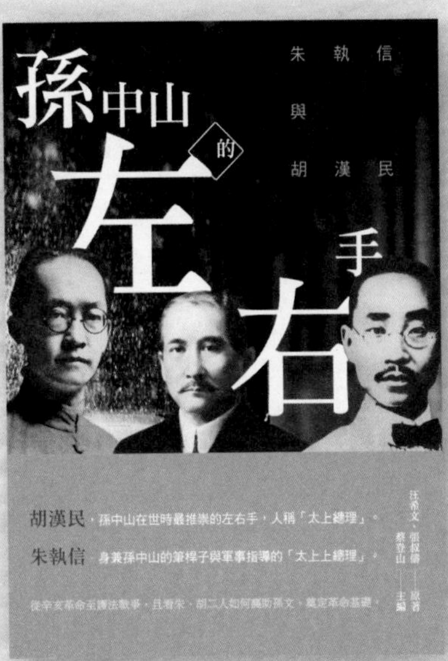

孫中山的左右手：

朱 執 信 與 胡 漢 民

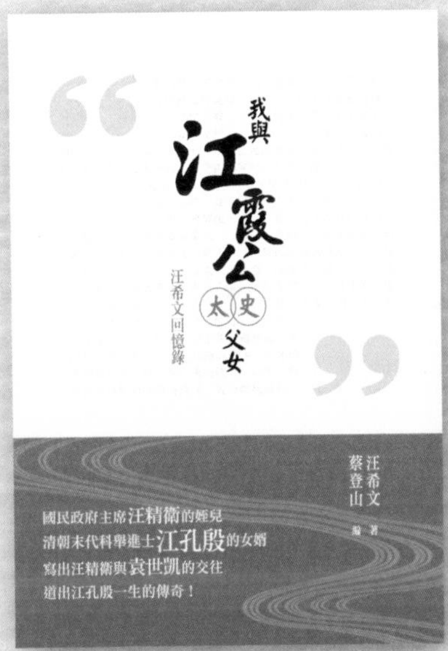

我與江霞公太史

父女——汪希文回憶錄

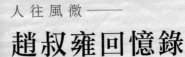

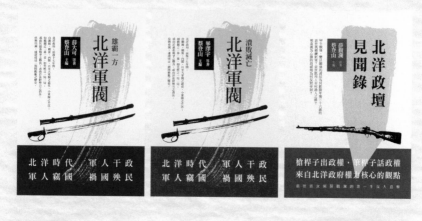

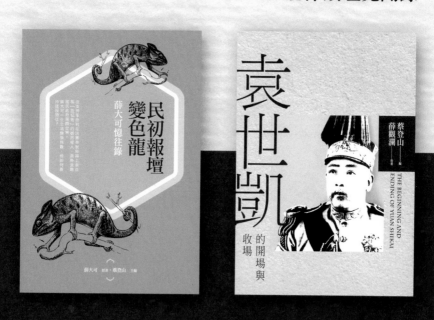

春申舊聞

老上海的風華往事

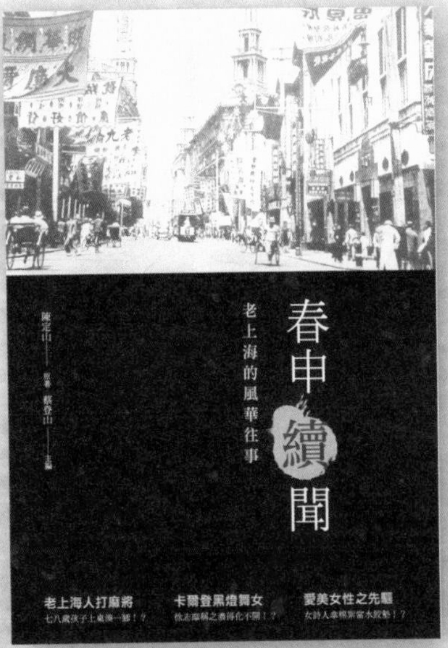

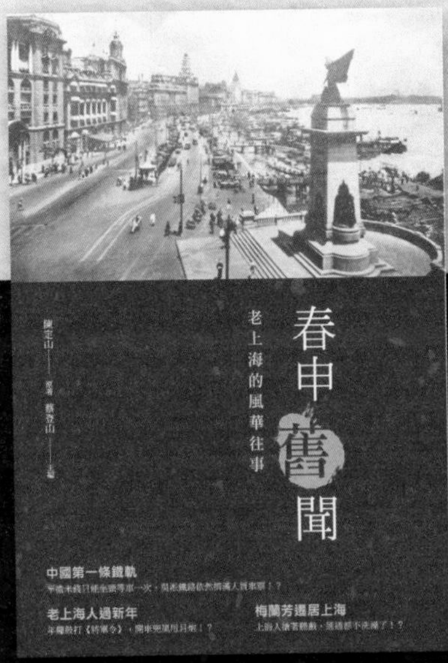

春申續聞

老上海的風華往事

西方夜譚：

抗戰西遷文人文藝彙編（復刻典藏本）

辰子說林

二戰媒體人張慧劍的中外考察

戴笠與十三太保

吳國楨事件解密

寄庵隨筆：

民初詞人汪東憶往

民初大詞人況周頤說掌故：眉廬叢話（全編本）

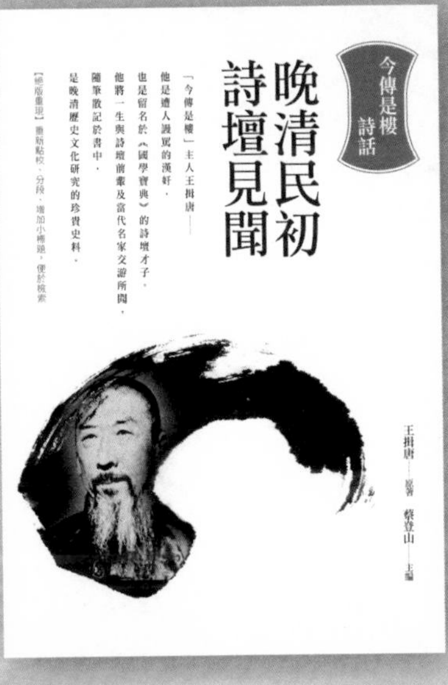

今傳是樓詩話

晚清民初詩壇見聞

多少樓臺煙雨中：近代史料拾遺〈代序〉

在近代史中，晚清以降至民初，雖然最接近我們的，但其實那只是時間上的距離，而事實上這段歷史是最為朦朧不清，可謂「雖近實遠」。究其原因，除了時代的動亂外，還有許多人為的扭曲、竄改、隱諱等等因素，再加上許多政治的因素，諸多檔案無法開放，也導致研究人員無法深入事件其中做進一步的研究。

我也常常陷於這種不得其門的窘境，於是數年間在幾個大型的圖書館尋搜，希望能找到一些線索。翻遍許多昏黃的老雜誌及報紙，先從香港的《春秋》、《大人》、《大華》、《掌故》到香港的《天文臺》小報起，後來擴及天津的《正風》半月刊、上海的《古今》半月刊、上海的《東方雜誌》及臺灣《藝文誌》等老舊雜誌。何以先從香港找起呢？因為當年香港的報紙雜誌是不准進來的，此地的圖書館，除了中研院後來有些零星的收藏外，其他圖書館幾乎付之闕如。我就憑著中研院的這些不完整的收藏，展開整理的工作，期間在香港的好友區志堅兄，幫忙獨多，每當我有需求時，他總是義不容辭地跑到香港大學或香港中文大學幫我影印我所需要的文章郵寄給我，真是盛情可感。

何以重視香港這批史料呢？因為在一九四九之後，許多學者、文人、失意政客、附逆漢奸等等，都麕集香江。他們常常是當年許多事件的參與者或親歷者，這種所謂「三親」（親歷、親見、親聞）的珍貴史料，當然有其一定的價值，雖然回憶錄也未必可全信，但總是多了一種史料可以做比對。其中《黃旭初回憶錄》最為可觀，從聯繫到他在香港的兒子黃武良同意授權，直到全部五本，一百三十萬字出齊，費時一年有餘。黃旭初與李宗仁、白崇禧被稱為「廣西三傑」（原是李宗仁、白崇禧、黃紹竑，後來黃紹竑離開廣西到中央，遂加入黃旭初），他晚年寫回憶文章，是依據其四十幾年的日記及其他參考資料，不同於他人但憑記憶，因此其可信度極高，甚至當年作戰的路線圖因日記有記載，而精準無誤。作家白先勇教授特別撰文推薦稱其回憶錄為「新桂系信史」。

薛觀瀾是晚清著名思想家、外交家薛福成的孫子，晚年在香港《天文臺》報紙闢有「觀瀾隨筆」專欄，而在香港《春秋》雜誌亦寫有諸多回憶文章。因其身為袁世凱的女婿，對當時北洋軍閥的重要將領，如段祺瑞、張作霖、馮玉祥、楊宇霆等人都有深入接觸，而他和徐樹錚更是朝夕相處甚久，知之甚詳。我將其文章編為《北洋政壇見聞錄》。薛觀瀾喜歡京劇，是知名票友，著名的劇評人，他和梅蘭芳、孟小冬、余叔岩等名伶亦都熟悉，他寫出的《我親見的梅蘭芳》自然與眾不同，他甚至是最早寫到梅、孟之戀的人，因為當時在中國這是犯忌的，沒人敢寫。而薛觀瀾此時已移居香港自可秉筆直書，直言無諱。他和余叔岩亦師亦友，余叔岩曾向他請教學習中州音韻，他和孫養農等都是研究余叔岩的專家級人物。因此我將其文章編《我親見的梅蘭芳》及《薛觀瀾談京劇》二書，這三本書在其生前均未曾出版過，對於研究北洋軍閥和京劇者都是不可多得的材料。

至於臧卓是保定軍官學校第一期畢業的軍人，北伐期間，他先後在陳銘樞的第十一軍和唐生智的第八軍任參謀長，是唐生智手下的大將，後來臧卓又與汪精衛私交甚篤，一九四〇年汪的南京政府成立，臧卓投靠汪，做到蘇北行營主任。他寫有〈蔣、汪與我〉長篇連載的文章，經我整理編成《我在蔣介石與汪精衛身邊的日子》。另有一些散篇的文章，則編成《臧卓回憶錄：蔣介石、張學良與北洋軍閥》及《臧卓回憶錄：藏書與讀史》兩書。

名報人薛大可與劉少少、黃遠庸同為民初報壇怪傑。在袁世凱稱帝時他列名「勸進表」，因此被指稱為「洪憲餘孽」。一九四九年他來了臺灣，但卻在香港陳孝威創辦的《天文臺》小報，闢有「憶往錄」的專欄，寫他所親歷的人物及往事，從袁世凱到北洋軍閥，還有當時他接觸的一些文人，如所謂的籌安會「六君子」等等。他原本就是位報人，有他特別敏銳的觀察力，寫來就生動有趣。其中〈北洋軍閥外史〉是當時連載的長文。這些親歷親聞的文章，有一定的史料價值。

李晉（組紳）是商界奇人，後來成為華北礦業的巨擘，當時礦業界有「南劉北李」的稱謂，劉就是劉厚生，北票煤礦公司的董事長；李就是李組紳，李組紳辦的是六河溝煤礦，在其全盛時期，他在漢口設一鐵廠，以煤煉鐵，俾盡其利。他這本《政壇見聞錄》是屬於「口述歷史」之類，當時原本要找名報人曹聚仁筆錄的，但曹聚仁覺得費時，後來才由秦嶺雲筆錄而成，在香港《春秋》雜誌連載過，但從未結集出過書。談到的人物均為民初政壇赫赫有名之士，如黎元洪、顏惠慶、顧維鈞、羅文榦、馮玉祥、王寵惠、鄭毓秀、孫蒓齋、唐紹儀、袁世凱、曹汝霖、王正廷、錢新之、蔣介石、孔祥熙、張宗昌、朱子橋、許世英等等，所談之事更是觀乎整個民初政局，甚至北洋軍閥間的種種內幕，李組紳曾告訴秦嶺雲說：「我所談的一些往事，都是身歷其事、耳聞其聲的經過。雖年湮月遠，手頭又乏參考書，其間人名、時間容有記憶不清之處，但其真實性無可置疑。」這其中有許多內幕從未經他人談過，其珍貴處也就在此。

掌故大家徐彬彬和其弟徐一士合著的《凌霄一士隨筆》與黃秋岳的《花隨人聖庵摭憶》及瞿兌之的《人物風俗制度叢談》號稱為民初三大掌故名著。但他的《凌霄漢閣筆記》卻從未出版過，其文章主要發表在一九三五年天津出版的《正風》半月刊上，連載二十幾期，其他還有《逸經》、《坦途》、《民治》月刊等刊物。這些雜誌分別在中研院圖書館、國家圖書館、上海圖書館找到湊齊，費時頗久。而當時原雜誌校對不精，有諸多錯字，作者都表示要在幾期後做一勘誤表，但始終沒做，加上當時只有簡單的斷句，沒有詳細地新式標點符號，因此在編輯上花費相當多的時間在斷句標點及製訂標題上。我之所以會投入如此大量的時間，在於《凌霄漢閣筆記》一書史料價值極高，他出身於官宦書香世家，為他的掌故史料提供了堅實的背景。而他所交往的人物、所聞的軼事，更絕非尋常百姓所能接觸到的，再加上他有史家風範，不輕易下筆，下筆則無一字不無來歷。這都使得《凌霄漢閣筆記》成為掌故史料叢書的扛鼎之作。

坊間雖出版了大量的杜月笙傳記，或傳奇，它們都犯了一個嚴重的弊病，那就是游談之雄，好為捕風捉影之說，故事隨意出入，資其裝點。更有甚者，更以「遺聞」、「佚事」、「揭秘」為名，大肆謾罵、譏詆，遂行其某種政治目的。筆者編校《上海大亨杜月笙》一書，該書分為兩大部分，除找出杜月笙秘書胡敘五所寫的《杜月笙外傳》一書，重新編排分段點校，改正錯字外。另一部份則蒐集與杜月笙有過深交或資深報人親歷親聞的文章，這些文章遠較坊間的杜月笙書籍，要具有史料價值，有很多事都是信而有徵的。另外我又找到筆名「簾外風」寫的一系列《杜月笙軼聞》的連載文章，作者以親身見聞寫出居港期間的杜月笙，並細寫在杜月笙身邊的大將，有謀士，有武將，另外還有同時代相關的一些人物。從這些人物及事件中，將可窺見杜月笙一生的起落浮沉。這些文章寫的是杜月笙最後的一段時光，也可說是杜月笙最後的「完結篇」。但從未結集出書，只存在老舊的雜誌中，今重新整理編校，成《上海大亨杜月笙》一書之續集。

杜月笙秘書胡敘五除寫了《杜月笙外傳》一書外，還寫了不少文章，大抵都是他所親見親聞的人與事。筆者挑選出其中最重要者，編成《杜月笙秘書見聞錄》一書。該書主要分成三部分，分別是哈同、陳彬龢與鴉片史。胡敘五寫出十餘年間有關鴉片與特稅特商間種種錯綜複雜、鮮為人知的內幕，自是研究鴉片史、稅務史甚至政治史、社會史，不可多得的重要史料。

汪精衛姪兒汪希文寫有回憶錄：《我與江霞公太史父女》，寫其岳父江孔殷之事，甚為詳盡。江孔殷的名字，對於現在的讀者，知道的人極少。但他的十三子江譽鏐，藝名南海十三郎。是三十年代名馳省港的年輕編劇家，恃才傲物，創作生涯如日方中時，卻遭逢愛情和事業的打擊，生活潦倒，更因神智失常，被送入精神病院，晚年四處流浪，最後一九八四年在青山醫院病逝。他的生平事蹟廣為流傳，最初被杜國威改編成為舞臺劇，由謝君豪飾演。由於這套舞臺劇非常受歡迎，所以後來被改編成為電影，仍由謝君豪擔綱演出。後來再改編成為電視劇，於亞洲電視播映，改由林韋辰扮演。

汪希文與朱執信有有姑表之親，朱執信的母親，是汪希文的姑母，而朱執信雖比汪希文大五歲，但童年同在沈孝芬先生書塾讀書，共筆硯者有年。自幼同窗，長又相從，共事於革命工作者十餘年，因此對於朱執信的一切，知之甚深。他自然是寫朱執信的不二人選。而張叔儔的父親張德瀛曾為胡漢民的老師，張叔儔與胡漢民及其兄清瑞先生，均為同學。因此由汪希文與張叔儔兩位作者寫朱執信及胡漢民，都有其近身的觀察，較之他人所寫的，當有更珍貴的史料。我把這些從未結集的文章合在一起，名為《孫中山的左右手：朱執信與胡漢民》首次出版。

有關寫戴笠的書籍相當多，琳琅滿目，不勝枚舉，我發現局外人（筆名）寫有關於戴笠和十三太保之間的二十餘篇連載文章，於是將其蒐集編成一書，名為《戴笠與十三太保》。具體哪十三人，說法不一，有說賀衷寒、鄧文儀、康澤、桂永清、劉健群、潘佑強、鄭介民、葛武棨、梁幹喬、蕭贊育、滕傑、杜心如、胡宗南等十三人；也有說劉健群、賀衷寒、鄧文儀、康澤、桂永清、酆悌、鄭介民、曾擴情、梁幹喬、蕭贊育、滕傑、戴笠、胡宗南等十三人。作者或因是當時身處在軍統中的幹員，礙於身分無法曝光，只得以「局外人」為筆名。從特工的訓練到藍衣社的組成，一直到整個軍統的所作所為，一一呈現，無疑地是研究特工最一手的資料，甚至是研究抗戰期間特工間諜戰，不可或缺的史料。

彭昭賢的回憶錄曾收入《五十年政海風雲——天山南北》一書，那是一九六二年彭昭賢在日本接受香港記者凌雲的採訪的口述稿，有十二篇。但實際整個回憶錄有二十一篇之多。這次全部找齊，較原來的十二篇，整整多出九篇之多。而其中有四篇涉及盛世才者，當時盛世才在臺灣也見及彭昭賢的這些文章，於是盛世才寫下了他的回憶錄《牧邊瑣憶》，可說是完全針對彭昭賢文章的辯駁。今編者特將兩人之回憶錄合編在一起，蓋便於相互參照，至於是非曲直則不妄加評論。尤其兩人之回憶錄，均無單獨成書，其史料價值更彌足珍貴也。

趙叔雍是知名的詞學家，他所寫的文章大都是有關詞學的。但一九四三年他在《古今》半月刊第十九期起連載《人往風微錄》，陸陸續續寫了十篇有關人物的傳記，這些赫赫有名的人物，都是他父親趙鳳昌的好友，許多事是他親歷親聞的，極具史料之價值。另他的長文〈世界藝人梅蘭芳評傳〉發表在香港《大人》雜誌上，寫出他近身觀察到的梅蘭芳，是研究梅蘭芳不可多得的史料。同樣的他寫〈國劇大師齊如山〉，是在齊如山在臺灣逝世後，他遠在新加坡的《南洋商報》撰文悼念，情文並茂，人既可傳，文亦足傳。〈惜陰堂辛亥革命記〉是一九六一年他應北京中央文史館所作，但刪節頗多，今依其女兒所收藏的原文恢復之。

汪東是晚清至民初的外交家汪榮寶的弟弟，他與黃侃、錢玄同、吳承仕都是章太炎的高足，有「章門四子」之稱。他工於詞，其《夢秋詞》，凡二十卷，計存詞一千三百八十餘首。

篇什之富，為歷來詞家所罕見。他曾在南京中央大學教課，政治大學尉天驄教授的姑姑尉素秋就是汪東的學生，還有程千帆的夫人沈祖棻等人。《寄庵隨筆》是在抗戰勝利後在上海《新聞報》連載，當時先有劉成禺的《世載堂雜憶》的刊出，反應極佳。刊畢後主編嚴獨鶴找來與劉成禺同屬南社的汪東來寫這專欄文章，連載一百多篇。可惜的是這書直至一九六三年汪東去世時，並未出版。直到一九八七年上海書店才出版簡體直排版，但印量極少，早已絕版三十年了。此次重新打字校對重印，也是首次以繁體字出版。

香港著名報人李磯生曾以筆名「馬兒」撰有《吳國楨事件》一書，該書於一九五四年由香港新生出版社印行。可說是吳國楨事件發生後，作者作為一位資深報人，對整起事件的始末，及吳國楨與蔣介石、蔣經國父子之間的關係，還有到後來蔣介石連番炮製「吳逆」罪愆，而吳國楨辭去省主席赴美後跨海五次上書蔣介石，刀刀見骨的批判，做一詳盡的論斷。可惜的是當時香港的出版物不易進到臺灣，而此異議的聲音，恐亦不容於當道，因此此書流通甚少。我經其夫人呂媞女士同意授權，並補入更多當年的新聞報導資料及多位學者的研究成果，希望能讓讀者從更多角度去看此事件，並更名為《吳國楨事件解密》。

《袁世凱的開場與收場》、《北洋軍閥——雄霸一方》、《北洋軍閥——潰敗滅亡》三本書，是我遍翻港、臺一些老舊雜誌，找到幾十位當年親歷這些事件的作者所寫的文章，彙編而成的。其間或有針對同一事件，卻有不同的看法，讀者可相互參照。

毛彥文的回憶錄《往事》是她的自印本，外面沒有流通。我根據她親自訂正本，重新打字編排，設計封面。她從家庭狀況說起，敘及百年往事，巨細無遺，仿如日記一斑，詳細而正確。只是在與吳宓交往過程卻刻意從略了，因此我補寫了一篇近萬字的長文〈九死癡情原無悔——吳宓與毛彥文及其他〉至於前頭，將此一段公案做一解讀。

日本名醫矢原謙吉民初年間在北京懸壺濟世，當時留居北京的達官貴人及其眷屬有病皆求診於他，因此他遍識西北軍、東北軍、晉軍的大員，甚至前清遺老，以至當時冀察政務委員時代的朝野名流。他將這些所見所聞之故事，筆之於書，藏之於篋中，但並未將之示人。後經其子矢原愉安交給香港《掌故》月刊連載發表。取名為《謙廬隨筆》，後結集成書。所敘全憑所見所聞，又其為外國人所寫，與書中人物既無恩無怨，自是較為客觀。

況周頤首先是個著名的詞人，而後才是個詞論家。他的《蕙風詞話》和王國維的《人間詞話》以及陳廷焯的《白雨齋詞話》，被譽為「清末三大詞話」，在中國文化史上影響很大，代表了古代詞話的最高水平。他晚年以詞人之筆寫掌故，先後完成《眉廬叢話（全編本）》及《餐櫻廡隨筆》，刊登於上海的《東方雜誌》上。在況氏生前並未單獨成書出版，此次據《東方雜誌》重新點校，並製作小標題，便於讀者檢尋，是繁體版的首次出版。

名報人張慧劍的《辰子說林》是他在一九四一年到一九四五年期間，在成都《新民報》主編副刊時撰寫的專欄文章，抗戰勝利後在南京編輯成書。初版於一九四六年，是南京《新民報》文藝叢書之一。《西方夜譚》是他在擔任《新民報晚刊》編輯時，將所負責的副刊專欄文章編選而成的文集。

陳定山詩、書、畫、文俱佳，他是名小說家兼實業家「天虛我生」（陳蝶仙）的長子，酷愛寫掌故，寫有《春申舊聞》、《春申續聞》。一代人事興廢，古今梨園傳奇，信手拈來，皆成文章。其著作早已膾炙人口，但因絕版幾十年，儘管舊書店亦一書難求。今得其孫女授權，重新打字排版，並改正原書手民之誤。

歐陽予倩回憶錄《自我演戲以來》，此次重新出版除改正原書的一些錯字外，又增補了他後來寫的長文〈我自排自演的京戲〉，此文很少見，當做附錄。另外我也有導讀長文〈歐陽予倩與張謇、梅蘭芳在南通〉，對所謂「梅歐閣」的佳話，做一細節的補充。如此一來其回憶錄將更加完備。

《談余叔岩》作者孫養農，他的祖父孫家鼐曾當過光緒皇帝的老師，富貴可知。一九四九年，內戰方殷，彼時家道已見中落的孫養農避禍香港，坐吃山空，最後甚至以拉琴教戲維生。當時孟小冬也在香港，於是跟孫養農建議：「咱們寫本書吧，寫寫跟余先生學戲的事。」書名定為《談余叔岩》，一九五三年在香港出版。由於都是孫氏親炙親聞所得余氏藝術成就、佚聞故事，有趣有識更有情，無怪乎能成為當日的「暢銷書」！即使到現在也是談余叔岩不可多得的必備書！

王揖唐在一九二七年起在天津《國聞週報》連載《今傳是樓詩話》，長達數年之久，全書五百九十五則。多關史料掌故，是王揖唐一生中最重要的著作。只是「卿本佳人，奈何作賊」，王揖唐因為晚節不保，當了漢奸，連帶了這書也蒙塵了。但若「不以人廢言」，其實是相當重要的著作，極具史料價值。而原本一九三三年《大公報》版的《今傳是樓詩話》是一冊不分卷，全書只有句讀和圈點，也沒有任何標題，當然也沒有目錄。因此閱讀或找尋其中的資料甚為不便，而該書流傳亦少。此次重新打字排版、點校、分段整理，甚至製作每則的小標題。又因此書所涉及的大都是晚清到民初的詩人及其軼事，而這些都是作者所見所聞者，書名則改為：「晚清民初詩壇見聞：今傳是樓詩話」，以更顯其書之旨趣。

王光祈愛國情殷，雖羈留海外，但他關心中國當時的政治，以一個飽受經濟壓迫的窮學生，終日埋首在德國柏林圖書館，整理翻譯出「中國近世外交史料」七種，為研究中國近代史不可或缺的珍貴史料。其中《李鴻章遊俄紀事》一書係根據德文本的《維特伯爵回憶錄》中四章有關中俄交涉的內容翻譯整理的。《美國與滿洲問題》一書係譯自一九二六年版的《德國戰前外交文件彙編》（Die Diplomatischen Akten des Answärtigen Amtes 一八七一～一九一四）中之第三十二冊。《瓦德西拳亂筆記》則譯自《瓦德西回憶錄》，記述和反映了八國聯軍在華侵略活動及其內部矛盾、鎮壓義和團運動、脅迫清政府接受議和大綱，以及八國軍隊燒殺搶掠等內容，對了解和研究八國聯軍侵華戰爭與義和團運動有一定的參考價值。

我以數年時間整理這些只存在老舊期刊及報紙中的史料，先後完成《黃旭初回憶錄》五冊、《我親見的梅蘭芳》、《北洋政壇見聞錄》、《薛觀瀾談京劇》、《我在蔣介石與汪精衛身邊的日子》、《蔣介石、張學良與北洋軍閥》、《藏書與讀史》、《薛大可憶往錄》、李晉《政壇見聞錄》、《凌霄漢閣筆記》、《上海大亨杜月笙》、《上海大亨杜月笙續集》、

《杜月笙秘書見聞錄》、《我與江霞公太史父女》、《孫中山的左右手：朱執信與胡漢民》、《戴笠與十三太保》、《彭昭賢、盛世才回憶錄合編》、趙叔雍《人往風微》、《袁世凱的開場與收場》、《北洋軍閥——雄霸一方》、《北洋軍閥——潰敗滅亡》、《眉盧叢話（全編本）》、《餐櫻廡隨筆》等，共二十七本。首先得感謝這些雜誌及報紙的主編們，因為你們「識貨」的眼光，採用刊登這些文章，也保留了諸多珍貴的史料。這些史料因從未結集出版過，少人聞問，也沒有人好好利用，真是可惜。因此這次首次出版，當有其重要的意義。

我在編輯這些史料成書時，除構思其體例架構外，還在每本書之前，寫了長短不一的導讀，特別對於作者的生平資料詳加敘述，但由於許多人生前沒有出過書，個人資料實在難以尋找，經我查遍許多工具書，比對考證，其所以如此是要讓讀者能夠「知人論世」。遺憾的是其中「簾外風」、「局外人」，因用的是筆名，至今無法查考出。

除此之外，另有些珍貴的史料書籍如《寄庵隨筆》、《吳國楨事件解密》、《往事》、《謙廬隨筆》、《辰子說林》、《西方夜譚》、《春申舊聞》、《春申續聞》、《自我演戲以來》、《談余叔岩》、《今傳是樓詩話》、《李鴻章遊俄紀事》和《美國與滿洲問題》（合刊）、《瓦德西拳亂筆記》等十三本，或因絕版多年，或因是自印本，或因史料珍貴，因此取得授權重新出版。其目的是讓這些史料廣為流傳。

傅斯年先生治史，提出「上窮碧落下黃泉、動手動腳找東西」，主張廣泛搜羅與考訂史料，強調史料的重要性。在原本已經撲朔迷離的近代史，如何添加一些珍貴的史料，尤其是一些親歷、親見、親聞的材料，則是更為要務。歷史是需要追求一些細節，單靠正史、大事紀等，是無法釐清事實的真相的。「多少樓臺煙雨中」，它是朦朧的，如真似幻，需要更多的史料，更多的歷史碎片，才能拼出一幅幅的圖景。我只是將我所發現的材料，整理出來並加以出版，讓更多人可以參考利用。在史海中還有更多的史料尚未浮現，希望更多有志之士，從各方面去努力發掘，前途漫漫，「多少往事堪重數」！

目次

大時代的見證：黃旭初和他的五冊回憶錄

黃旭初（一八九二～一九七五），廣西容縣人。係廣西省政府主席，主政廣西近廿年。黃旭初年十六入容縣師範，二十歲肄業於廣西陸軍速成學校步兵科，與李宗仁有同學之誼。一九一四年，他以優異成績考入北京中國陸軍大學學習。一九一七年，任廣西陸軍模範營連長，保定軍校畢業的黃紹竑、白崇禧任副連長。一九一九年由湘歸任廣西陸軍第一師步二團團附。一九二一年六月，調任廣西督軍署中校參謀。一九二三年擔任李宗仁的「廣西定桂軍總司令部」參謀長。一九二六年北伐軍興，廣西軍隊改編為國民革命軍第七軍，李宗仁任軍長，白崇禧任參謀長，黃旭初任第四旅旅長，後升任第七軍第六師師長，屢建奇功。一九二八年升任第十五軍副軍長兼第二師師長，一九三〇年任護黨救國軍第十五軍軍長。

一九三一年七月一日，黃旭初在南寧就任廣西省政府主席。一當就是十九年，直到一九四九年止。與山西的閻錫山同以模範省著稱中外，有聲於時。黃旭初積極配合李宗仁、白崇禧進行軍事、政治、經濟、文化「四大建設」，在幾年的時間裏，桂系一躍成為中國西南的一大地方實力派。李宗仁後來在他的回憶錄中寫道：「黃君（指黃旭初）老成練達，與我有同窗之雅，並曾入陸軍大學深造，謹小慎微，應對如流，全軍賴其輔導，上下歸心。嗣後我軍竟能戡平八桂，問鼎中原，渠早年主持戎幕，為本軍打下良好基礎之功，實不可沒。黃君其後主持廣西省政達十九年，澤被桑梓，亦非幸致。」

一九四九年十二月二日黃旭初離開南寧，因為軍事情勢上南寧已不可守。十二月三日他和白崇禧同時飛抵海南島的海口，他們在海南十九天。白崇禧乘艦出海指揮作戰曾小別一週，其餘每天都有會議或晤談，商討的都屬當前軍國要事，全不及私。又因由桂入越的敗殘部隊，為數尚不少，白崇禧乃囑黃旭初赴越南籌謀部隊生活的照顧和善後安排。法國駐邕龍領事田友仁那時也遷到海口，黃旭初請他辦理入越護照，但他轉報法方得不到答覆，無法辦通赴越南手續。十二月二十一日黃旭初和白氏握手分袂，飛往香港，白氏南飛榆林視察。不料此別竟成永訣！自此，黃旭初寓居香港，後來國府聘為總統府國策顧問，但他一直沒有到職。一九七五年十一月十八日，他因心臟病發作，病逝香港九龍浸會醫院，享年八十四歲。

黃旭初在五〇年代末在香港雜誌上開始寫回憶的文章，前後有十來年，據香港傳記作家胡志偉先生估計，有二百一十五篇，共一百卌萬言。其中成書出版的只有《我的母親》一書，另外還有《八桂憶往錄》（後名為《廣西懷鄉記》）、《廣西與中央廿餘年來悲歡離合憶述》，這兩部書稿篇幅頗大的，史料價值尤高。胡志偉的評價是「從地域來講，他寫了自一八九八年李立廷領導會黨起義至國軍由桂南退入越南期間的廣西內政、邊防、外交、建設、金融、民族、約法、議員、自治、鐵路、糧產、通志、民意機關、粵桂關係以及外界對廣西的評價，儼然一部廿世紀五十年代前的廣西省斷代史；從政事來看，他從同盟會滲入廣西、辛亥柳州獨立、陸榮廷討袁、廣西護法、桂軍參加北伐、粵桂之戰、龍潭大戰、粵桂合力敉平南昌暴動、西征唐生智、逐奉軍出關、用兵武漢、黃張攻粵、滇軍攻南寧、中原大戰、粵桂反蔣、寧桂復合、桂南會戰、大別山戰鬥、衡陽保衛戰、崑崙關血戰、常德會戰、南寧兩次陷日、反攻桂柳、廣西光復，一直寫到李宗仁當選副總統、李白求和失敗、李宗仁飛美、監察院彈劾李宗仁、李宗仁回歸大陸，活生生是一部桂系政治軍事活動史。」。此外還有〈辛亥革命廣西援鄂北伐軍〉、〈辛亥革命造成廣西陸榮廷握政〉、〈辛亥革命時廣西省議會與臨時約法〉、〈抗戰前夕寧桂間的微妙關係〉、〈遷省史話〉、〈廣西回應雲南護國討袁始末〉、〈劉古香柳州獨居〉等近代史料的文章，但可惜的是並沒有單獨結集出版。

胡志偉還特別指出黃旭初寫近代史，資料主要取自他自己的日記，部份依據第十六集團軍總司令部中校參謀盧玉衡的口述和第五軍司令部編印處李誠毅等人的手記；敵方的行動，則依據日本人鈴木醇美的《廣西會戰紀事》等書。這也是他回憶錄史料之價值較高的所在。一般我們看到的回憶錄都是作者晚年的回憶之作，由於是數十年的往事，即使有驚人的記憶力，許多細節還是無法回溯的。而黃旭初寫這些戰役，有時間，有路線，何日何地被攻陷，戰役的整個路線圖，一清二楚。苟非靠當時的日記所載，是難以做到的。

據廣西壯族自治區博物館副研究館員巫惠民說他幾經周折後，在自治區文化廳、區黨委統戰部和廣西海外聯誼會的多方努力和協調下，終於二〇〇一年十二月十日將黃旭初的日記和信札徵集到，成為國家二級珍貴文物收藏於廣西壯族自治區博物館。日記是從一九三一年至一九七五年間所寫的，除一九三五至一九三六兩年共用一本外，其餘每年一本，共四十四本。徵集時，除一九三一～一九三四年及一九三七、一九四〇年這六年日記因外借未還而沒有徵集外，其餘三十八本全部徵集入藏。而信札部分黃旭初將之集成七冊，共二〇八封，一〇七九頁。有李宗仁給蔣介石、黃旭初和臺北張群（岳軍）的信，有白崇禧致黃旭初的信，也有黃旭初給李宗仁以及黃旭初與夏威、程思遠、徐梗生聯名給李宗仁的信等。

鑑於黃旭初回憶錄的史料價值，我聯絡上在香港的黃旭初的次子黃武良同意出版。我找齊了黃旭初在香港《春秋》（半月刊）連載的《廣西與中央廿餘年來悲歡離合憶述》四十四章節，他在書稿最後記了「一九六三、八、四初稿」，這書稿前後，寫了近兩年的時間。文章刊出後，李宗仁從美國來函，對第一篇的章節作了若干更正與補充。於是黃旭初又寫了補正之一〈李宗仁由美來函話當年〉、補正之二〈廣西人在浙皖兩省的地方政權〉、補正之三〈桂人主皖政——由李宗仁到夏威〉、補正之四〈國軍戰敗避入越南經過詳情〉，對原書稿做了更詳盡的補充，可見其精益求精的態度。

此書稿談及李宗仁、白崇禧和蔣介石的恩怨離合甚多，為此我又找到黃旭初所寫的四篇文章，分別是：〈白崇禧兩度任副總參謀長之憶〉、〈蔣李初次會晤經過詳情〉、〈蔣李第二次會晤經過詳情〉、〈我記憶中的早年李宗仁〉，當作此書稿的附錄，如此對李宗仁、白崇禧和蔣介石之間的關係，當有更進一步的瞭解。書名也改為《黃旭初回憶錄——李宗仁、白崇禧與蔣介石的離合》。

鑑於《黃旭初回憶錄——李宗仁、白崇禧與蔣介石的離合》一書之重要性，我進一步蒐集黃旭初發表過的文章，詳加閱讀，發現其集中寫李宗仁、白崇禧、黃紹竑，所謂「廣西三傑」的文章，有數十篇之多。（案：後來由於黃紹竑離開廣西到中央，因此「廣西三傑」的稱謂改指：李宗仁、白崇禧、黃旭初。）只是這些文章發表時是東一篇、西一篇，雜亂而沒有順序的，它沒有依照時間先後次序，也沒有依人物事件排序，前前後後大約寫了幾年，它完全不同於《黃旭初回憶錄——李宗仁、白崇禧與蔣介石的離合》中，除附錄四篇是我補進去的外，其他完全是作者自訂的章節。因之如何將這些文章串連在一起，就成了我的難題。

我於是先區分為三部分，分別為李宗仁、白崇禧、黃紹竑。再依他們的生平去排定文章的次序（無法根據文章發表的先後），但有同時寫兩個人的如〈李宗仁頭白，黃紹竑骨寒！——當年兩封公開信，如今一夢隔人天！〉一文，只得擺在李宗仁部分。至於有關李宗仁思想突變，原因何在？黃旭初曾兩三次提及，內容大同小異，但最後一次是在一九七〇年六月所寫的〈李宗仁晚年思想轉變的由來——為了留存史實特刊露我與李氏往覆兩函〉一文，其中並將甘介侯與溫金華兩氏所言，併附篇末，藉供參考，該文應該是最完整者。前面兩文雖有引用但並不提及甘、溫兩人之姓名，或許怕造成當事人之困擾，作者之宅心仁厚，由此可見。這本書編成後就名為《黃旭初回憶錄——廣西三傑：李宗仁、白崇禧、黃紹竑》。名作家白先勇教授特為此書寫了推薦序〈新桂系信史——《黃旭初回憶錄》的重要性〉，而政治大學劉維開教授則為此書寫了〈黃旭初與「廣西三傑」〉的導讀文章。

《黃旭初回憶錄——李宗仁、白崇禧與蔣介石的離合》是以「史」為主，依時間次序，講述廣西與中央廿餘年來悲歡離合。《黃旭初回憶錄——廣西三傑：李宗仁、白崇禧、黃紹竑》是以「傳」為主，以李宗仁、白崇禧、黃紹竑所謂「廣西三傑」的生平事蹟，種種軼事秘聞為其寫作的重點。由於作者與他們之間甚為熟稔，甚至有時朝夕與共，因此有近身之觀察，這是其他寫傳者所做不到的。《黃旭初回憶錄——李宗仁、白崇禧與蔣介石的離合》與《黃旭初回憶錄——廣西三傑：李宗仁、白崇禧、黃紹竑》兩書，可說是互為表裡，合而觀之，則有「史」有「傳」，如同干將莫邪，雙劍合一，更足以明瞭此段歷史之軌跡與人事之興替！

至於《黃旭初回憶錄——從辛亥到抗戰》，內容收錄諸多辛亥革命到抗日戰爭時期的珍貴史料，包含辛亥革命時期廣西北伐軍的行動，孫中山訪日面臨的諸多阻礙，孫中山、汪精衛、蔣介石造訪廣西的記錄彙集，蔣介石與黃埔軍校的深切淵源，切關北伐成敗的龍潭大戰等等。以黃旭初的日記加上歷史文獻，重揭辛亥到抗戰時期的歷史真相。

黃旭初回憶錄中，他生前親自訂定章節的《八桂憶往錄》（又名《廣西還鄉記》），篇幅較大。為便於閱讀今將其分為兩部，分別是：《黃旭初回憶錄——孫中山與陸榮廷的護法暗鬥》及《黃旭初回憶錄——抗戰前、中、後的廣西變革》。另他原先唯一結集出版過的《我的母親》薄薄一小冊，此次亦予收錄，附之於《黃旭初回憶錄——抗戰前、中、後的廣西變革》

之後。如此他的回憶錄一共五本，有一百三十萬字，可謂齊備矣。黃旭初晚年在香江一隅，用了十餘年的時光，來寫回憶錄，不為名也不為利，但卻為歷史做了見證，其精神無疑地是令人敬佩的。

我看過為數頗多的回憶錄，有太多都是自我標榜，揚善隱惡，或道人是非，揭人短長，甚者淪為八卦及道聽塗說之作。但黃旭初的回憶錄不同於此，他寫回憶錄根據他四十年的日記及種種史料，包括數十年前作戰的路線圖，時間都記得一清二楚。而且他寫回憶錄不寫自己，苟或有之，也一筆帶過，絕無渲染。他寫回憶錄完全在寫別人，在寫整個歷史，這在所有回憶錄中確實是僅見的，也是難能可貴的。我不識黃旭初，但我讀了他的著作，油然生起一股敬佩之心，在此引用他姪女黃華東的話說：「不過他寫史實雖多，卻很少自我標榜。他的筆下也不輕易褒貶人，所以別人也甚少議論他的長短。不像與他同時代的那些政客軍閥之流，往往留有被人談不完的傳奇或話柄。這與伯父謙虛沉著的性格有關。伯父善守中庸之道，在他二十年掌政期間，向不好大喜功，只是盡其在我的埋頭實幹，雖說不上政績輝煌，卻能在萬方多難中不隨波逐流，固守自己的崗位，二十年如一日，不見異思遷。再後更能在國事蜩螗，混亂不堪的政局中，急流勇退，淡薄自甘，始終沒有落得什麼禍國殃民的罵名，這是我們作他後輩的深深為他老人家引以為傲的！」

而黃旭初有〈八十一歲初度述懷〉詩兩首，可見其晚年生活之一斑：

其一

人生八十已尋常，屢病今來漸復康。
藥似有緣猶未斷，筆非無債暫停償。
書刊堆案翻披減，親友同城訪候荒。
且喜聯吟詩興在，聊將瓦缶引笙簧。

其二

三遷舉世總相依，頤養營生互得宜。
兒趁郊墟孫入市，我司灑掃婦為炊。
思親念切懸弧日，感舊情般聞笛時。
世態繽紛看未足，蟾宮可許去探奇。

詩以言志，由此兩首詩中可見黃旭初的淡泊生涯，晚景堪稱悠閒。雖然一向「吶吶向人鋒斂芒」，靠著他的筆墨也能消歲月長，也寫出不少文章能永流人世間！

黃旭初的著作雖然在他完稿後的半個世紀後才出版，但是也愈更加珍貴。這證明「好書」永不寂寞的，雖然一時之間沒被發現，但終究有「識珠」者。好友江蘇南通欽鴻兄在得知《黃旭初回憶錄——李宗仁、白崇禧與蔣介石的離合》出版的消息，來信索書，並告知他手上有黃旭初的日記手稿影印本，分別是一九五四年、一九六五、一九六六年三年的，還有一些散頁。

我原本要借為校稿之用，蒙他無私的餽贈，在此記上一筆，衷心感謝。新書發表會當天除了黃武良先生遠從香港來到臺北外，正巧從美國回臺的白先勇教授也受邀出席這場盛會，黃旭初、白崇禧兩位先生的哲嗣能在廣西同鄉會共此盛舉，真是意義非凡。其他還有美國的史學者林博文先生、政治大學劉維開教授，不斷地鼓勵與提攜，都是銘感五內的。而最該感謝的是黃武良先生他無私而且信任我，才是我在整理出版這五冊《黃旭初回憶錄》的最大動力，雖然前路漫漫，但不寂寞！

最後引用白先勇教授在推薦序開頭的一小段，云：「新桂系在國民黨軍隊中，並不屬於中央嫡系，在官方國軍史上，記載並不翔實，有時刻意疏漏，甚致扭曲。因此，廣西省前省主席黃旭初的回憶錄，便更加彌足珍貴，補償了國府官方歷史的不足。……黃旭初有記日記的習慣，敘述多有根據，下筆井井有條，其為人謹慎，行事篤實，三〇年代，建設廣西，父親總管其事，黃旭初便為其最得力的執行者，父親託以重任，因其誠信可靠。黃旭初的回憶錄，可以說是一部新桂系信史，有極高的參考價值。」

袁世凱女婿薛觀瀾及其著作

——《我親見的梅蘭芳》、《北洋政壇見聞錄》、《薛觀瀾談京劇》

薛觀瀾（一八九七～一九六四），原名學海，字匯東，觀瀾是他的筆名。江蘇無錫人。其祖父薛福成先後師事曾國藩、李鴻章，歷任寧紹臺道、湖南按察使，出使英、法、意、比欽差大臣等職，是近代著名思想家、外交家和早期維新派的代表人物之一。父親薛南溟是清光緒朝舉人，曾入李鴻章幕下。此後棄官轉事實業，一八八一年開始辦繭行，一八九六年與人合夥創辦繅絲廠，後又組建永泰絲業集團，成為近代著名實業家。薛觀瀾早年就讀於北京清華學堂，一九一四年至一九一八年留學美國，畢業於威斯康辛大學經濟系。他喜愛體育運動，曾任該校田徑隊隊長，還是短跑健將。回國後，在北京匯文大學任體育教練。後曾任北洋政府監務署檢事、駐英使館三等秘書、直隸省公署顧問、外交部特派直隸交涉員等職。

薛觀瀾在京期間結識了袁世凱的次女袁仲楨，一九一九年十一月二日兩人結為秦晉之好，在無錫成婚時，因袁世凱已死，乃尤其子袁克定主婚。關於薛觀瀾和袁世凱的次女袁仲楨的結褵，有段小插曲。當時黎元洪總統欲將長女黎紹芬（周恩來天津南開中學的同學）許配給薛觀瀾，薛觀瀾說：「黎大小姐為父母最得寵者，我見黎大小姐革履西裝，口如懸河，漸漬於泰西之風甚矣。與予性格不合，婚事不諧。」而袁世凱生前曾經做主，準備將女兒袁仲楨許配給兩江總督端方的侄子。然而袁世凱死後，這位性格剛強的「公主」逃婚，自願嫁給了她挑中的「白馬王子」薛觀瀾。因為薛觀瀾和袁仲禎在校讀書時便結識，兩人最初便是很好的朋友，以至後來雙雙排除「萬難」執著牽手。當日薛府張燈結綵，而新房設在無錫西溪下的花園洋房內。這是一座具有巴洛克風格的花園洋房，建成於一九一七年，在無錫也是屈指可數的。當時年僅十二歲的京劇名伶孟小冬，亦獻藝婚禮，無疑為婚禮錦上添花。據《錫報》載：「十一月三日晚，屋頂花園小京班及已輟演之髦兒戲班，同至西溪下薛宅合演堂會，孟小冬演《武家坡》、《捉放曹》二齣，最是精彩。小京班童伶王福英之武戲，亦甚出色」。堂戲演至凌晨一時尚未終場，為此薛南溟電話通知耀明電燈廠（薛南溟為該廠創辦人之一），要其再延長二小時用電，待戲畢再熄燈。

一九二五年春，徐樹錚受命為「考察歐美日本各國政治專使」，率考察團十五人，先後考察法國、英國、瑞士、意大利、德國、蘇聯、波蘭、捷克斯洛伐克、比利時、荷蘭、美國、日本等十二國。到倫敦時，薛觀瀾時任駐英使署的秘書，徐樹錚知道英國的「皇家學院」是國際聞名的，經過一番得力的宣傳，「皇家學院」始知徐樹錚是中國國學專家，果然請他公開演講兩小時，徐樹錚以〈中國音樂的沿革〉為題，叫薛觀瀾代他趕速翻譯成英文。翌日《泰晤士報》載稱，徐專使作為中國軍人有此文學成就，不勝欽佩云云。徐樹錚甚得意，遂聘薛觀瀾為秘書，待遇甚優。接著又訪問蘇聯，當時徐樹錚之隨員只有褚其祥、朱佛定與薛觀瀾三人。薛觀瀾在回憶文章說：「我當時面對史氏（史達林），印象特深，此公眉有煞氣，雙目狡獪，八字鬚如亂柴。惟他右眉之上有紅痣一粒，此殆註貴之徵，與我國黎元洪一般。」而徐樹錚與俄外長齊翟林在外交官舍為了共黨問題，通宵舌戰，均由薛觀瀾躬任翻譯，雙方各逞辭鋒，循至面紅耳赤。

一九二五年十二月十一日，徐樹錚考察結束回到上海，十九日即動身赴京。復命後，於二十九日晚乘專車離開北京南下，途經京津間廊坊車站，被馮玉祥部下張之江劫持，當時薛觀瀾亦隨侍在側，他記下最後一幕：「行約百米，瞥見徐專使在前，由官兵數人推挽而行，月明如晝，寒氣逼人，步點甚疾，塵土飛揚，徐失一履，踜其足，回顧觀瀾者三四次。於是徐公在前，我跋其後，相距不遠，又疾行一里，前面橫一小丘，附近皆係田隴，此即預定之殺人場也。在此呼吸存亡之際，有一軍官，突如其來，問我姓甚？我說姓薛，又問：『是薛學海薛秘書麼？』我曰：『然。』軍官勃然大怒，推開挾我之二卒，以鞮踢其小腹，二卒仆地，軍官乃親自扶持觀瀾，折回原來地點，行逾百武，即聞槍聲兩響，乃徐氏被害於小丘之礀。時為一九二五年十二月三十日上午一點半鐘，吾聞槍聲，潸然淚下，深感一代儒將，已隨此數響而長逝矣！」。

薛觀瀾國學底子很好，他說是得力於母教。他的外祖父是桐城吳汝綸（摯甫），當他幼年時外祖父住在他家，教他作文。而母親嗜京劇，教過他一齣《鎖五龍》。母親又准許老僕揹了他到惠泉山廟內觀劇，這是光緒三十年左右的事。那時他的家鄉無錫縣還沒有戲園設備，看戲不必花錢，懂戲的人可說絕無僅有。他家絲廠都設在上海，因此他常隨父親赴滬小住，天天去看「新舞臺」的新戲，如《杜十娘怒沉百寶箱》、《新茶花》、《黑籍冤魂》、《查潘鬥勝》之類，實係變相的文明戲。

宣統初年，他到北京，大過戲癮。開始學習譚派鬚生戲，連唱帶做一齊學，先由郭春元說戲，郭是楊瑞亭的開蒙老師，此時北京戲園林立，名角如雲，這是譚鑫培的全盛時期。在那幾年中（清末至民初）薛觀瀾所愛看的對象，第一是譚鑫培，第二是崔靈芝，第三是李鑫甫。而考取出洋考試之後，毋須再上課，每日看戲吃館子（致美齋），是他一生最愉快的日子。

留美歸國後，薛觀瀾說他學戲的機會比任何人都好。因為「自從一九一八年余叔岩重振舊業起，至一九二八年余叔岩突然輟演為止，我和余叔岩契深款洽，幾乎形影不離，只有這段時間，余叔岩天天吊嗓，由李佩卿操琴，這是學戲的好機會。且在一九二二年以前，都是他自動地揀戲教我，如《宮門帶》、《馬鞍山》、《焚棉山》之類，這些戲，余叔岩在臺上都沒有唱過。」薛觀瀾喜歡京劇，是知名票友，著名的劇評人，他和余叔岩亦師亦友，余叔岩曾向他請教學習中州音韻，他和孫養農等都是研究余叔岩的專家級人物。

但那時他為了稻粱謀，不能安心學戲，至今追悔莫及。一九二五年，徐樹錚被刺殺，而他死裡逃生，悻悻回到家鄉，心灰意懶，更談不到學戲的興趣了。薛觀瀾說：「回到無錫之後，我父為我提一別號，就是『觀瀾』二字。他老人家的意思，是教我袖手旁觀，不要再被捲入政治旋渦之中。我字匯東，這兩個字就隱在『觀瀾』二字裡面。所以我今用我的別號為筆名，乃是紀念我嚴明的父親，他老人家教訓我，言道：『今日政界黑幕重重，我不希望你做官，我更不願意你登臺唱戲，尤其你在外交界，現當簡任職，串戲更不相宜。』我當然遵命。」儘管如此，他仍未放棄京劇，他特延請孫老元（佐臣）操琴，又邀名票魏馥孫共同整理譚派各劇的詞句，其時他還記得七十餘齣，其中有的全部唱念係採余叔岩的詞句，有的僅屬大路玩藝，與余叔岩無關。他仍舊天天吊嗓子，可見他對京劇的癡迷程度。

薛觀瀾和梅蘭芳是同輩人，他僅小梅蘭芳三歲。薛觀瀾說宣統年間，在北京「文明園」第一次看到梅蘭芳，那時梅才十六歲，但已有五年舞臺經驗，他竟在開鑼第三齣為奎派鬚生德建堂配演《硃砂痣》，他飾吳大哥的妻子，青衣打扮，是日粉紅色的小戲單上竟沒有梅蘭芳的名字。但是，他一出臺，好像電燈一亮，臺下寂靜無聲，全園觀眾的靈魂被他迷住了。此因春雲出岫的梅蘭芳，的確美而豔，又端麗大方，一顰一笑，宛然巾幗。膚色白嫩，齒如編貝，手如柔荑，他雖患高度近視，然其雙瞳爆出，反若增添它的嫵媚，梅蘭芳是以「色」瘋魔了全國！所以譚鑫培生前說過：「男的唱不過梅蘭芳，女的唱不過劉喜奎，叫我怎樣混！」。

寫梅蘭芳的書籍在坊間不少，但大多數的作者都沒見過梅蘭芳本人，甚至也沒見過他演的戲，只是根據書面的資料去鋪成他一生的傳奇。而薛觀瀾則不同，他和梅蘭芳、孟小冬、余叔岩等名伶都熟悉，他又是一個著名的劇評家，他寫出的《我親見的梅蘭芳》自然與眾不同，他甚至是最早寫到梅、孟之戀的人，因為當時在中國這是犯忌的，沒人敢寫。作者當時已移居香港自可秉筆直書，直言無諱。

又如他寫梅蘭芳和余叔岩後來有了心結，更非行家所能知悉究竟的。薛觀瀾說有一天，梅蘭芳和余叔岩合演《武家坡》，這是難得一見的好戲，二人爭奇鬥勝，各不相讓，到了「誥封」一場，當余叔岩唸完「哦：他見不得我！有朝一日，我身登大寶，他與我牽馬墜鐙還嫌他老呢。」以下旦角應該接唸「薛郎：你要醒來說話。」誰知道梅蘭芳突然之間把這句忘了，在臺上僵了一些時間，余叔岩雖為掩蓋過去，他乃接唸：「句句實言：自古龍行有寶。」事後梅蘭芳大不願意，他認為余叔岩故意不提醒他，使他少唸兩句。其實余叔岩並非故意，他在臺上向抱一絲不苟的作風，與其師譚鑫培完全不同。當是時，余叔岩已有脫離梅所主持的「喜群社」的計畫，常常臨時回戲，使梅更不滿意。後來捧余的團體與捧梅的團體形成對立的狀態，捧余的決不去看梅蘭芳，這齣《武家坡》確是導火線之一。

類似的事還有不少，由於作者熟悉梨園掌故，許多事更是親見親聞，因此此書有許多道人所未道之事，其珍貴處就在此。例如他提到他所親眼目擊的上海幾位大亨，他們都是戲迷，而且喜歡登臺亮相，結果當然鬧了不少笑話。如王曉籟飾《空城計》劇中的司馬懿，居然揮軍殺進西城。張嘯林常唱《盜御馬》的竇爾墩，竟將詞句抄在大扇子上當臺照唸。杜月笙在無錫榮家堂會唱《劈三關》，屢次忘詞，只得不了了之。但他們是道地的戲迷，戲癮極大，亦肯很用心的學戲。

又作者是著名的劇評家，所觀京崑等劇包羅萬象，而且獨具慧眼。書中對所看過的戲，都有中肯之評論。薛觀瀾的曾祖父薛湘為道光朝進士，歷任湖南安福、新寧知縣、廣西潯州知府，著有《說文段氏翼》、《未雨齋詩文集》等書。稱得上是晚清嘉道年間音韻學專家。因此薛觀瀾在京劇與崑曲的研究中，特別注重音韻。他乃專治沈苑賓（乘麐）所著的《韻學驪珠》一書，認為該書補弊救偏，能集大成，尤其反切最準，清濁最明。薛觀瀾說：「欲考皮黃崑曲之音韻，殆莫善於是書矣。京劇固奠枕於中州韻，然能變化無窮，有典有柯，鮮以腔害字，亦不以字害腔，比較崑曲與其他地方戲劇，自更易引人入勝。中而論之，四聲五音乃皮黃之體，鍊氣運嗓乃皮黃之用。體用兼賅，方成名角。歷代名伶如程長庚、余三勝、譚鑫培、余叔岩之儔，其畢生精力大都耗費於字音之中，精益求精，日慎一日，遂成大器，名留千古。次如梅蘭芳、程硯秋之輩，則皆心有餘而認識不足，故其唱唸夫能登峰造極。餘子更不足道矣。是音韻者，乃京劇廢興絕續之樞紐，而演員成敗利鈍之契機。」洵為知言。

薛觀瀾說他所寫的事蹟，什九是曾身歷其境的，他說蓋聞作者之條件有三，曰：「信、達、雅。」讀者諸君之於拙著，只能取一個「信」字而已。《我親見的梅蘭芳》為作者晚年的一本精彩的著作，圍繞梅蘭芳，談論當時的伶人往事和精彩的戲碼，是京劇史上的重要史料。書稿完成後不久，作者便病逝於香江，著作未及出版，歷經半世紀後，重新出版，除告慰作者外，又為京劇研究增添重要的資料。

薛觀瀾一九四九年南下香港，直至一九六四年病逝。晚年在香港《天文臺》報紙闢有「觀瀾隨筆」專欄，而在香港《春秋》雜誌亦寫有諸多回憶文章。因其身為袁世凱的女婿，對當時北洋軍閥的重要將領，如段祺瑞、張作霖、馮玉祥、楊宇霆等人都有深入接觸，而他和徐樹錚更是朝夕相處甚久，知之甚詳，因此多篇記載徐樹錚之事，尤其是徐樹錚廊房遇害，更是他親身所見，他前後寫有兩篇長文分別發表在《天文臺》及《春秋》雜誌，雖詳略有別，而皆作者身歷其境，可補正史之不足。

薛觀瀾在序言中云：「自留美歸國，奔走四方，於茲三十六年，駸駸日老，逐逐仍勞，所感所見，可歌可泣，興之所至，率筆及之。」雖是如此，但他對於這些憶往的文章，特別強調是「事存真相，不加渲染」，因此具有相當高的史料價值，當為治史者所重視。薛觀瀾又云：「體裁廣泛，隨筆所之，要以風俗掌故為經，戲劇奕棋體育音韻為緯，凡此國粹攸關，非小道也。」這是就其內容而言，它包括政治歷史以及戲劇圍棋等等，今為讀者閱讀之方便，特分為《北洋政壇見聞錄》及《薛觀瀾談京劇》二書，此在其生前均未曾出版過，有幾篇文章還是他去世後以「遺著」而發表者。

臧卓和他的回憶錄：《我在蔣介石與汪精衛身邊的日子》、《蔣介石、張學良與北洋軍閥》、《藏書與讀史》

最早記得臧卓的名字，是看了上海家族研究專家宋路霞女士，採訪孫曜東而寫成的回憶錄《浮世萬象》（二〇〇四年，上海教育出版社）。該書其中有一節寫到〈張伯駒一品香酒店搶潘妃〉，張伯駒何許人也？他和末代皇帝溥儀的族兄溥侗、袁世凱的次子袁寒雲、奉系軍閥張作霖之子張學良，並稱「四公子」。張伯駒除是著名的詩詞學家外，還集鑑賞家、書畫家、京劇藝術研究者等身分於一身。

孫曜東說：「張伯駒早年曾有過兩位太太，一位是封建家庭父母給作主的，一位開頭關係還好，由於志趣不同，日久也就乏味了。他最鍾情的、並與之相攜到老的是第三位太太——後來成為著名青綠山水畫家的潘素女士。潘素女士，大家又稱她為潘妃，蘇州人，彈得一手好琵琶，曾在上海西藏路汕頭路路口『張幟迎客』。初來上海時大字認不了幾個，但人出落得秀氣，談吐不俗，受『蘇州片子』的影響，也能揮筆成畫，於是在五方雜處、無奇不有的上海灘，曾大紅大紫過。依我看，張伯駒與潘素結為伉儷，也是天作一對，因為潘素身上也存在著一大堆不可理解的『矛盾性』，也是位『大怪』之人。那時的『花界』似乎也有『分工』，像含香老五、吳嫣等人，接的客多為官場上的人，而潘妃的客人多為上海白相的二等流氓。紅火的時候天天有人到她家『擺譜兒』，吃『花酒』，客人們正在打牌或者吃酒，她照樣可以出堂差，且應接不暇。那時有些男人喜歡『紋身』，即在身上刺花紋，多為黑社會的人，而潘妃的手臂上也刺有一朵花……最終她的『內秀』卻被張伯駒開發了出來。」

孫曜東又說：「張伯駒在鹽業銀行任總稽核，實際上並不管多少事，整日埋頭於他的書畫收藏和京劇、詩詞，每年到上海分行查賬兩次，來上海就先找我。其實查賬也是做做樣子的，他來上海只是玩玩而已。既然來玩，也時而走走『花界』，結果就撞上了潘妃，兩人英雄識英雄，怪人愛怪人，一發而不可收，雙雙墜入愛河。張伯駒第一次見到潘妃，就驚為天女下凡，才情大發，提筆就是一副對聯：『潘步掌中輕，十步香塵生羅襪；妃彈塞上曲，鞦韆胡語入琵琶。』不僅把『潘妃』兩個字都嵌進去了，而且把潘妃比作漢朝的王昭君出塞，把她擅彈琵琶的特點也概括進去了，聞者無不擊掌歡呼。可是問題並非那麼簡單，潘妃已經名花有主，成為國民黨的一個叫臧卓的中將的囊中之物，而且兩人已經到了談婚論嫁的程度，誰知半路殺出了個張伯駒。潘妃此時改口，決定跟定張伯駒，而臧卓豈肯罷休？於是臧把潘妃『軟禁』了起來，在西藏路漢口路的一品香酒店租了間房把她關在裏面，不許露面。潘妃無奈，每天只以淚洗面。而張伯駒此時心慌意亂，因他在上海人生地不熟，對手又是個國民黨中將，硬來怕惹出大亂子，他只好又來找我。我那時候年輕氣盛，為朋友敢於兩肋插刀。趁天黑我開出一輛車帶著伯駒，先到靜安寺路上的靜安別墅租了一套房子，說是先租一個月，因為那兒基本都是上海灘大老爺們的『小公館』，來往人很雜，不容易暴露。然後驅車來一品香，買通了臧卓的衛兵，知道臧不在房內，急急衝進去，潘妃已哭得兩眼桃子似的。兩人顧不上說話，趕快走人。我驅車把他倆送到靜安別墅，對他們說：『我走了，明天再說。』其實明天的事伯駒自己就有主張了：趕快回到北方，就算沒事了。」

當時臧卓是國民黨的一位中將，潘素差一點成為他的壓寨夫人，幸虧孫曜東即時救出，終於成為張伯駒夫人，也成為一位著名畫家，當今名作家章詒和女士還跟過潘素學過畫。試想潘素當時若成為臧卓將軍夫人，則她的一切歷史將改寫了。

對於臧卓我當時的瞭解僅止於此，後來才知道臧卓晚年在香港而且改名為臧勺波。那是在朱子家（金雄白）的《汪政權的開場與收場》第一冊篇末，金雄白寫有一篇贅言，提到：「本書在寫作與編印中，承讀者給我的指正，姚立夫先生對我的協助，顏加保先生、臧勺波先生、汪希文先生，以及不願發表姓名的若干朋友們，供給了我寶貴的資料與圖片，伍爰女士為我讎校，吳漱溟先生為我署簽，在此一併表示我衷心的謝意。」這讓我將臧卓與臧勺波的名字連接起來，之後根據我蒐集的資料並參考唐張新編著的《建湖將軍譜》，得出一簡單的生平簡介。

臧卓（一八九〇～一九七五）其名一作臧焯（《臧氏家譜》），字勺波，筆名一勺，射陽外史，江蘇鹽城人。父親是個窮秀才，屢試不第，只得在邑中設館教書。臧卓幼時習經史，擅辭章之學。清光緒二十六年（一九〇〇年），他十一歲時在私塾讀書，旨在博取科名，適科舉廢止，稍長到南京考入陸軍，先後在陸軍小學、陸軍中學共五年。辛亥那年他正屆陸軍中學畢業，參加武昌起義，南北統一後，他在北京參謀本部當第五局（管戰史）科員，但不久辭職入保定陸軍軍官學校繼續讀書，深受校長蔣百里賞識。一九一四年上學期，在保定軍校畢業後，分發到江蘇馮國璋那裏做見習軍官候補排長，六個月期滿後，又回到北京。後到北京高等師範（即後來的師範大學，在北京琉璃廠廠甸）當地理教員，講地球投影及中國兵要地理。

一九二四年，臧卓調任陸軍部少將機要科長，後受南方革命影響和軍校同學之招，悄然南下，參加國民革命軍。一九二七年，任職武漢衛戍司令部。北伐期間，他先後在陳銘樞的第十一軍和唐生智的第八軍任參謀長。一九三〇年，唐生智組織「護黨救國軍」進行第二次武裝反蔣失敗後，臧卓隱寓於上海，時常在《新聞日報》上發表對時局的主張，蔣介石閱後頗有讚賞，特地召見，意在籠絡。蔣介石問其是否與唐生智脫離關係，臧卓答以「關係脫離，感情還在」，為蔣介石所忌，未予重用。其間，臧卓就個人戎馬生涯作了筆憶，著成《萬里征驂錄》，「辭含珠璣，時譽甚隆」。後來唐生智就任陸軍訓練總監，臧卓應唐生智之招，就任中將訓練所長。一九三七年「八一三」事變後，國民政府西遷，唐生智留守南京，臧卓在城防設施方面多所建言，並為唐生智所倚重。南京失守後，臧卓隨軍退至武漢。不久，臧卓悄然折回上海。臧卓與汪精衛私交甚篤，一九四〇年汪偽南京政府成立，臧卓亦落水當了漢奸，先後任軍事委員會委員，軍委會第二廳、第一廳廳長、點編委員會主任委員，點編華中和平軍四十餘萬，最後調任蘇北行營主任，統轄兩個集團軍，計十三個師，號稱十萬人之眾（實際七萬餘人），清剿盤據蘇北之新四軍。後因汪偽政權內鬨，被以「清鄉剿共不力」之名解職。

抗戰勝利後，臧卓潛居香港，以教書為生，開始以私家教讀為主，學生之中，分為研究與補習兩種。後於一九五八年入聯合書院，講授「詩學通論」，後又教「斷代史」、「專書選讀」、「駢文選讀」，也擔任過「詩詞選」、「左傳」、「荀子」、「莊子」、「老子」等課，從聯合書院到後來改組為聯大，前後擔任教職有十四年之久。在光夏書院教書則前後兩年，因後來學校關門而作罷。在遠東書院則勉強教了一個月。臧卓幼時習經史，擅辭章之學。雖為武人，但學識淵博，晚年能在書院教詩詞及國學課程，可見其文史功力，至於文筆粲然更為其餘事。其所著《我在蔣介石與汪精衛身邊的日子》這本回憶錄就是一九七〇年一月起在香港《春秋》雜誌連載，原名《蔣、汪與我》，但並未結集成書，這是他晚年的回憶錄，刊登時就一紙風行。後來經過我整理於二〇一四年一月間由「獨立作家」（秀威資訊）出版，引起極大的迴響。

作者是國民政府的中將，參加北伐，對當時的各路軍閥都相當熟稔。曾以「射陵外史」寫有《北洋成敗縱橫談》數萬字長文（已收入「獨立作家」出版的《北洋軍閥：潰敗滅亡》），鞭辟入裡，允為公論，讀者稱頌。

《臧卓回憶錄——蔣介石、張學良與北洋軍閥》一書則細寫蔣介石與馮玉祥、閻錫山的離合，張作霖與張學良父子，唐生智與蔣介石之間的叛離與復合再叛離的經過。尤其作者是唐生智手下的大將，對一九三〇年，唐生智組織「護黨救國軍」進行第二次武裝反蔣失敗，箇中內情有多所著墨，此是外界所難以得知者。另外作者出身於保定軍校一期，因此有長文敘寫保定軍校的校史，及後來出身於保定的名將每人的出處，是極為珍貴的史料。本書在作者生前並未結集成書，編者就其所刊登於香港《春秋》雜誌的文章，依類編次而成，是作者親歷親聞卻雪藏數十年而首度出版的重要著作。此書是臧卓繼《我在蔣介石與汪精衛身邊的日子》後，又一精彩珍貴的回憶錄。

《臧卓回憶錄——藏書與讀史》顯示出臧卓不單單是位武將而已，他其實自幼飽讀詩書，十一歲參加縣考的幼童考試，後來又參加過一次府試、一次院試。院考為決定秀才去取之考試。主考為江蘇學政（俗稱學臺）唐景崇，只考了頭場，就奉光緒帝諭旨，廢科舉、辦學堂。從唐朝以來千餘年的科舉制度終告結束，而臧卓也失去他可能考上秀才的機會。而後投考江蘇陸軍小學、又升入陸軍第四中學，再入保定軍官學校第一期，從此由可能的文秀才而成武將軍。

儘管如此，他仍有著傳統讀書人的積習：竊好圖書、偏娛文玩。他蒐藏既富，曾經還想蓋座私人的圖書館，但後來因北伐抗戰，戰事連連，這批收藏的圖書古玩，輾轉搬遷，終至損失殆盡，只能存於記憶之中了。由於遍讀史書，對於朝代之興替，自有他獨到的見解，他分析北洋軍閥，甚至民初史事，可謂精闢！加上許多事件由於是他親見親聞，更有其史料之價值。

薛大可和他的《憶往錄》

薛大可在民初年間是報界名人，他與劉少少、黃遠庸同為報壇怪傑。他是湖南才子，也是文壇一傑，詩文均有根底。他平生有一「悔不該」的往事，乃是在袁世凱稱帝時他列名「勸進表」，因此有人指稱他為「洪憲餘孽」。

薛大可（一八八一～一九六〇），字子奇，湖南益陽人。與胡林翼為同鄉，少年時期，其立身處世，放蕩不羈，亦與胡公少年時期相似。他常說：「早年是一個酒徒，中年是一個賭徒，晚年則為一釣徒。」他少年時之酒徒，據云有一斗亦醉，一石亦醉之概。民初年間他任國會眾議院議員，議論縱橫，常為時論所重。也自然與當時權貴，多所往來。花天酒地，豪放自如，似乎不大拘於細節。

民初年間，袁世凱一心要恢復帝制，一幫文人跟在身邊大吹法螺，夢想成為袁氏王朝的開國功臣，將來也有個好位子坐坐，薛大可就是其中一個。《亞細亞日報》是袁世凱任大總統後，直接出巨資，由薛大可出面所辦的御用報紙。該報曾經在北京、上海出版。其中北京版於一九一二年六月創刊，薛大可任主編，樊增祥、易順鼎等人任撰述，每日出三大張。上海版於一九一五年九月十日創刊，亦是薛大可任主編。北京版和上海版均擁護袁世凱，曾積極為袁世凱稱帝製造輿論。薛大可一時成為帝制的要人，袁世凱登基，《亞細亞日報》率先改以洪憲紀元，並尊袁為「今上」。薛大可隨各方諂媚者上表稱賀，表文自稱「臣記者」。袁稱帝之日，召薛大可等「報界代表」入新華宮賜酒，用一個大缸盛滿黃酒，叫他們圍著缸喝酒，美其名曰「皇澤普被」。賜酒罷，薛大可等北面稽首九叩，三呼萬歲。

據同為報人羅敦偉的文章說薛大可嘗與吳光新之流聚賭，呼盧喝雉，一夜之間，輸贏數十萬銀元。據聞某夜正與吳博，時張宗昌任某直屬混成旅長，哭喪著臉侍立在側，不發一言。詢之謂來京領全旅軍餉。偶來賭博，將餉輸盡，無法明日回去發餉。吳光新是時任陸軍總長，薛遂向吳建議：「我們不過為興之所至，輸贏本無所謂。彼既將全旅軍餉輸盡，無法回營。何不將吾等所贏付還之，俾其明早回營辦事。」吳直謂：「這是他本人的事，與我們無關。那個叫他來賭博！」表示不肯退還。薛當時與張無深交，惟感到不能以賭博，妨及軍旅。於是即席而起，謂我來推莊。輸，算我的；贏，即發還給張回去發餉。果然，手氣大紅，連賭皆捷。頃刻之間即足一旅軍餉而有餘，遂付還予張宗昌。並戒張曰：「效坤！（張宗昌之號）賭場如戰場。戰場有戰術，賭場亦有賭術。既不嫻賭術，不可輕於嘗試。」張娓娓而退。私衷感激薛氏。後張宗昌官運亨通，地位蒸蒸日上，貴為山東督軍時，特聘薛氏為高等顧問。但薛大可認為張宗昌為一粗魯鄙夫，故未前往就任。

一九二六年八月五日，著名報人林白水在他的《社會日報》上發表了時評文章，罵張宗昌的心腹紅人潘復為「腎囊」。當天夜裡，林白水就被抓了起來。次日凌晨，薛大可直奔張宗昌官邸，他要去營救林白水。等到他趕到張府的時候，不出意外，張宗昌正在打牌。同時趕到的還有楊度，他也是來勸張大帥槍下留人的，但張大帥牌局未散，任由楊、薛二人百般勸說，全不理會。薛大可急了，撲通一聲跪倒在地，聲淚俱下地說：「大帥，少泉（林白水字少泉）實不可殺！若殺此人，報界人人自危，首都民心盡失，連外國人都會指責大帥鉗制輿論。某等乞留少泉一命，非為少泉惜，實為大帥全譽耳！」雖是情急之中，卻說得字字妥貼，入情入理。大帥終於發話了，「立即執行」改成「暫緩執行」吧！但林白水的命到底沒有保住，張大帥的手令剛到，憲兵司令王琦報告：半小時前，槍決已執行。

一九四九年，薛大可不知何動機，來了臺灣。寓臺北建設廳招待所，之後省政府南遷，建設廳招待所改歸警務處管轄，改設臺省警務處招待所。開始清理房屋，對於原居人一律下逐客之令。所幸薛氏原與該所管理員交誼甚篤，他們對之素來禮重。但改隸警務處後，亦不能安居。幸羅敦偉向警務處郭永處長說明，乃得以居住。他來臺時，只帶姨太太一名，因不治生產，由大陸帶來的少數積蓄，久已用罄。他曾想以舊日之律師資格，執行業務。但當時來臺之律師甚多，有立法委員而兼律師者，比比皆是，薛氏的律師業務，遂一蹶不振。但老詩人風流仍不減當年，終日詩酒自娛，別署「南溟老漁」。人們戲語「薛老先生已不漁名，只是漁色了。因為他專愛為女人作詩詞。」

有一位滿清貴族唐石霞女士，她是末代皇帝溥儀的弟弟溥傑的原配夫人，瑾妃、珍妃的親姪女。姓「他塔拉」（漢譯是「唐」字），隸屬鑲紅旗。當年由瑾妃作主，許配給溥傑為妻，後來滿州國時代困於日本軍方的逼迫，溥傑不得已，與之離異，改娶日籍女子嵯峨浩為妻。唐石霞則避居香港及上海，以作畫自遣；其畫法全係北宗，工筆山水。一九四九年一度來臺，後又卜居香港。她來臺時曾以師禮薛大可，因此薛氏撰有〈石霞歌〉，捧之不遺餘力，與紅霞老人之〈石霞曲〉，傳誦一時。其次，便是坤伶「祭酒」顧正秋，也是他吟詠的對象，那時顧正秋在永樂大戲院演出，薛氏常去捧場的。他看了顧正秋演的《荒山淚》一劇後，便填了〈浪淘沙〉云：「一顧果傾城，曲譜秋聲，嬋娟三五正盈盈。河滿歌聲落雙淚，悲憤填膺。當路虎狼橫，歲歲刀兵，山川草木有餘腥。我為蒼生腸九轉，況乃佳人。」除了大大讚美顧正秋之外，還把她的名字置入詞中。而後又贈以一聯，集工部、漁洋句云：「正是江南好風景，秋來何處最銷魂。」

據報導，有一次《掃蕩報》總編輯許君武請作家吃飯，在座有著名的易君左、謝冰瑩、薛大可，還有一位劉一萍（該報編輯）等二十餘人。主人因為天熱，請大家「寬衣」，薛大可穿的白夏布長衫，卻不解脫，劉一萍向他說：「眾人都脫了，你為什麼不脫？」他說：「我沒有穿汗衣，脫了便是光桿。」其實是真話。劉卻誤以他是「倚老賣老」有些傲慢，即諷道：「這兒不是金鑾寶殿，脫衣也不失禮的。」於是兩人唇槍舌劍，大吵特吵起來，擊桌摔杯，若不是許君武即時勸解，難免大打出手。因此文讌而武散，正所謂「草草終席」。有幾位作家戲語主人說：「今天是為《掃蕩報》副刊拉稿而請客，給你們貴同鄉薛、劉兩位先生幾乎至流血，要先掃蕩酒席了。」

一九六〇年十一月一日，薛大可病逝臺大醫院。薛氏當年雖享盡榮華富貴，而垂老之際卻落拓江湖。他自說晚年為釣徒，其實來臺後，他一籌莫展，終年並無所釣，釣徒不過為詩人自號而已。大可，拼起來為一「奇」字，因此他號子奇。終其一生，其遭遇之奇，命運之厄，在古今亦不失為一奇人也。

薛大可晚年到臺灣，但卻在香港陳孝威創辦的《天文臺》小報，闢有「憶往錄」的專欄，寫他所親歷的人物及往事，從袁世凱到北洋軍閥，還有當時他接觸的一些文人，如所謂的籌安會「六君子」等等。他原本就是位報人，有他特別敏銳的觀察力，寫來就生動有趣。其中〈北洋軍閥外史〉是當時連載的長文。這些親歷親聞的文章，有一定的史料價值。

他過世之後，到了一九六七年其親友編印了《薛子奇先生旅臺遺稿》的自印本，薄薄的一冊，承蒙史料家秦賢次先生提供，本書也採用其中的一部分文章，至於其中的舊詩詞，因與本書內容無關，則沒有收入。

商界奇人李晉（組紳）和其《政壇見聞錄》

第一次聽聞李組紳的大名是多年以前看曹聚仁的《聽濤室人物譚》一書，其中有一則〈我與李組紳老人〉，曹先生談到過李組紳很早就想寫回憶錄，曾找過他，要他來寫，談過幾次，他覺得這位老人有些囉唆，對於他這個賣稿為生的人，若要筆錄他的回憶錄頗為費時。因此他勸李老用錄音機錄了下來，等他來整理，但大概李老也不慣用錄音機，也不曾動手過，這事就這樣拖了下來。而這回憶錄後來由李老口述，由秦嶺雲筆錄而成，在香港的雜誌連載過，但從未結集出過書。

根據秦嶺雲、芝翁的資料，得知李組紳單名一個「晉」字，是浙江寧波人。他與著名的「小港李家」是同縣而不同村，同姓而非同宗，也就是說截然無干。他是天津大買辦葉星海的外甥，李徵五的姪兒。民初，畢業於北洋大學（今天津大學），畢業後不從政而從商，從事和洋商有關的生意。一九一八年，出資與葉星海、李組才、曹汝霖、陸宗輿合夥創辦利濟貿易公司，是天津最早的外貿公司。寧波人善於經商，更加上他的個性，樂於結交，而資力又足以肆應一切，於是紮下良好的基礎。由於他中西學問，俱有根源，真知灼見，不同凡俗，又具有高度熱情，謀人以忠，出錢出力，稀鬆平常，甚至捨己耘人，亦所不顧。因此交遊益廣，除商界以外，舉凡當時的政界、新聞界、金融界的重要人士，都有深交。辛亥那年因緣際會他與黎元洪見面，等到後來黎元洪入京，李組紳以一個商人身份，跌蕩十丈京華中，周旋於達官顯要間，既非謀臣，亦非策士，但影響力卻不容小覷，有時甚至參與密勿。在袁世凱跋扈之時，把黎元洪玩於股掌之上，而當洪憲醞釀之際，黎元洪總算是一個大節無虧的人物，這其間的進退拿捏，李組紳給予他的建議獨多。一九二二年，黎元洪給吳佩孚攛掇著二次出山，當時內閣總理，黎元洪派顏惠慶代理，也是出於李組紳的獻計。後來顏惠慶因有小誤會，臨時變卦，表示不幹，黎元洪頓陷窘境，其間「月下追韓信」一幕，也是李組紳憑其三寸不爛之舌把顏惠慶說得回心轉意，免得黎元洪成了光桿總統。

在北洋人物中，黎元洪總算是廉潔自好的一位。據說他一生的積蓄約近六十萬元，資產項目，備載小冊，經常帶在身邊，即其如夫人黎本危亦難看到，卻給李組紳看過。黎元洪後來退隱津門後，頗事營運，將一半積蓄投入李組紳所辦的礦業中，推心置腹，有如家人。一九二八年六月，黎元洪在天津逝世，其時李組紳方在南方，聞訊傷感難禁，亟亟北行，匍匐致奠。黎夫人視如子姪，許以孝服成禮。據秦嶺雲說，李組紳在晚年與他談及此陳年往事，猶自傷感不置，而於穿白袍與紮白腰帶的殊遇，則引為生平榮幸。

李組紳後來成為華北礦業的巨擘，當時礦業界有「南劉北李」的稱謂，劉就是劉厚生，北票煤礦公司的董事長，他找來地質學家丁文江當總經理。翁文灝曾回憶道：「一九二一年，丁君就任北票煤礦公司之總經理，從事開發熱河大部分之煤礦。為專心致力於公司事務起見，丁文江堅辭地質調查所所長之職，並推薦我接所長。丁文江任北票煤礦總經理後，對於該礦之發展，細心規劃，兩年後每日產量竟達兩千噸以上，想到當初的該礦的資本的規模，實在感嘆丁文江辦事能力之強。」而以資歷而言，李組紳在礦業界的盛名，可當得起「老行尊」而無愧，劉厚生比起他還稍後些。李組紳辦的是六河溝煤礦，煤質甚佳，適於煉焦，年產約五十萬噸。在其全盛時期，李組紳在漢口設一鐵廠，以煤煉鐵，俾盡其利。

一九一九年南開改設大學，次年李組紳和嚴範孫、張伯苓商定，於南開大學文理商三科之外，另設礦科，學制與一般大學相同，惟在寒暑假中，師生下廠進礦，從事實習。一面又商得美國福特公司創辦人亨利‧福特的同意，准由南開大學選派優秀的畢業生，前往該公司的屬下各廠礦學習，吸取最新技術，所有出國的手續及經費，均由礦科的董事會撥付。因為這礦科，在整個組織上，算是南開大學之獨立科系，除每年貼南開大學三萬元外，其他所需經費，完全獨立，另在校外設有董事會，綜綰其事，推翁文灝為董事長，而李組紳自居其副。辦了多年，成材頗眾，南開大學礦科為中國近代工礦業培養了早期英才，甚至包括中國近代物理學大師吳大猷，最初也曾就讀南開大學礦科。但當時中國礦業尚在萌芽時期，礦科學生出路不大，經費又由私人支持，故難以為繼，乃於一九二六年停辦，改設電工科，吳大猷才轉入物理系。

在北洋軍閥中，李組紳獨讚美馮玉祥一人。因為自從馮玉祥用了李組紳的建議而營救出羅文榦後，他對馮玉祥大有好感；再經過幾次率直諍言，也都為馮所接受，交情又深了一層。儘管馮之所為，如倒戈盜寶，反覆無常，為世詬罵；但據秦嶺雲說，如果有人在李組紳面前向他提到這些，就等於冒犯了他，他一定會為馮氏辯駁，非得讓他滔滔地說個暢快不會讓你走。只因為馮玉祥那股子陰沉險詖的德行，對李組紳卻是言聽計從，因此他對於馮之關切，操心計慮，周密懇摯。例如一九二五年初，奉張與馮之鬥爭已白熱化，馮向段祺瑞請開去本兼各職，出洋遊學，其意原是負氣拿翹，但段祺瑞卻以邊區防務來責成他，馮乃野心勃勃之人，對於邊區貧瘠之地，非意所愜。但李組紳對他說，西北雖苦，比在首善之區，處必爭之地，總強得多了。天高皇帝遠，關起門來，有什麼不好做的。偌大陝甘等省，別的不說，開爿銀行，應不是難事，果能走通此路，以後也就夠你招兵買馬了，總好過沒有地盤，受人排擠的好！楚漢相爭時，劉項相約，先入關者為王，今時雖非昔比，而天然形勝是不會走樣的。人傑地靈，處處可以發跡，何須揀精擇肥。況且吳佩孚方擬挾蕭耀南、孫傳芳以再起，萬一奉直聯手對付你，兩面受敵又怎麼辦？這番話，想得周到，說得透徹，馮玉祥的心竅也就給打開了。於是他接受任命，將部隊開向西北去。以後馮在西北設銀行，發行鈔票，又發行流通券，徵這徵那，鴉片煙土亦在搜刮之列，餉源較裕，實力自增，西北軍得以壯大起來，成為馮玉祥問鼎中原的資本。李組紳的一席話是起了些作用的。

馮玉祥和李組紳可說是稱兄道弟，但遇到十萬火急的要錢關子，什麼都不顧了，照樣是勒派徵賣的一套。當馮在五原誓師，鼓勇東近之際，六河溝煤礦便又受到一次大災難，所有存煤，統統被徵發變賣，移充軍費。後來李組紳向馮質問此事，馮初恧然；繼則諉稱係其部下時任運輸司令的許驤雲所為，他本人並不知情；終則羊入虎口，皮骨無存，撈不回半點分文。所以六河溝煤礦雖為李組紳一生心血之所注，但結果反成了累己累人，吃力而不討好之事。

又一九二七年八月間，孫傳芳擬乘機挽回已隳之勢力，勾結直魯軍南下，襲取南京，一時情勢險惡異常。馮玉祥將電報攤給眾人看，把手向桌角一擊，說：「局勢演變至此，咱沒法不暫時撤退。」大家面面相覷，李組紳卻說：「總司令，您得幹呀！如果直魯軍南下，你又西撤，北伐之舉豈不前功盡棄？還談什麼革命？」馮把手一攤道：「咱實力不過如此，你又不是不知道，獨木難支，怎能把孤注盲目地一擲？」李組紳說：「黃花崗之役，他們有多少人？難道說你今天的實力，還趕不上他們？你開口服從國民黨，閉口服膺國民革命，事到臨頭，還是一味保全實力！」馮給他這一激，也氣沖沖地反駁：「依你之見又當怎樣呢？你說！你說！」李組紳脫口說道：「直魯軍已成弩末，最多只是一股子蠻勁在前傻衝，諒他不會提防到這邊來，你如密令前方部隊，銜枚疾進，給他個冷不防攔腰截擊，豈不合了兵法所謂『出其不意攻其無備』了嗎？不然的話，你是退卻了，跑了，難道全部人馬還願意再跟著你去西北？」這些話說得相當正確，暗和兵法的攔腰猛擊，於是馮玉祥要他再說得具體一點，李組紳說：「就現勢來衡量，你可以叫石友三率部出大名，韓復榘部出河間，兩部同趨德州；一面再密令鹿鍾麟出歸德，兜頭迎擊。這麼一來，縱然起不了大作用，預料直魯軍的攻勢，可以給你吸住，至少也可減輕南京方面所受到的壓力了。」馮以嘲笑口吻說：「可是你這諸葛亮算漏了，咱一出動，你能肯定的說那張作霖不會附我之背？」李組紳毫不遲疑地答道：「你忘了呢？前兒個劉治洲不是被派去太原了麼？只須要他策動閻百川（錫山）的山西軍，出兵堅守石家庄，奉軍的兵力也就給絆住了。這一點，我相信閻錫山一定會同意的；相信在較短時間裡，也可以守得來。」馮又問：「那湖北的唐生智呢？你說會不會在後面搗咱們的蛋呢？」李組紳接著說：「直魯軍是彼此相同的敵人，饒他唐孟瀟（生智）也不至或不敢起我們的手的。為防他趁火打劫，不妨把現駐豫境信陽許昌一帶的靳雲鵬旅，和駐在豫東的龐炳勛所部對調一下，讓龐擋住唐生智，正是銖兩悉均，諒可無虞，靳原為吳佩孚舊部，調駐鄭州附近，雖不是馮系隊伍，也就不能不聽命於你了。」馮心中一想，果然是一盤好棋，便說：「甭說啦，咱這回就聽你的啦！」真的就把直魯軍在濟南及徐州東面，給牽制住了，無法南下援助孫傳芳。八月下旬，孫傳芳以五個師又三個混成旅兵力，在龍潭棲霞山一帶七次偷渡，終被革命軍一一予以擊滅，是為北伐史上有名的龍潭之役。

李組紳痛心於內憂外患之紛至迭乘，那些年間他積極投身於賑濟工作。由西北大旱災而成立的陝甘三省賑濟委員會，由漢口大水而成立的長江水災賑濟委員會，他均有參加；領導人雖為朱子橋（慶瀾）先生，而實際工作大半是由他在主持。及「九一八」事變發生，正值旱災粗了，水災續發之際，朱子橋以救東北為第一要務，馳往北平，組織義勇軍，於賑務自難兼顧；所遺事務，一股腦兒統交李組紳代理主持。李組紳在此數年中，拋棄本業，一心救人，邪寒盛暑，親歷災區，輾轉於礫石飛澇之間，與旱魃老蛟相搏鬥，自認為做了一件有意義的事。

「一二八」淞滬戰役發生，李組紳參加上海市臨時救濟會實地工作，對於搶救難民，至為積極。王一亭、聞蘭亭等推他向工部局日領事館交涉，開放外白渡橋，從天通庵附近各里弄，搶運出難民三千餘名，結果圓滿達成任務。許世英亦以沿蘇州河一帶與華界毘連，英國兵營把它封閉了，應請工部局向其交涉，從速開放，俾使對岸的難民，得以進入租界，以苟性命，這事也由李組紳去找工部局總辦鍾斯協商。最後達成協議暫行開放烏鎮橋，所有沿蘇州河對岸難民，准由該橋進入租界。至於在真如、南翔一帶，設置收容所一事，則推由潘公展、陸京士負責辦理。

一九四九年後，他寓居香港，已屆高齡之年，生活殊蹙，但其心境豁然，從容不迫，豪情勝慨不減當年。據秦嶺雲說他豪飲健啖，甚少疾病，從未患過腸胃症，更未鬧過高血壓。一九六六年二月十二日，猶去沙田友人處吃炒麵，飽啖而歸。次日晨起，談笑晏如，偶需飲料，其夫人出房代取，回房時見已與世長辭了。為時之短，不足兩分鐘，未煩一醫，未服一劑，撒手人間，去得爽快，一如其人。

李組紳的《政壇見聞錄》寫了三十五篇，全書十六萬字。談到的人物均為民初政壇赫赫有名之士，如黎元洪、顏惠慶、顧維鈞、羅文榦、馮玉祥、王寵惠、鄭毓秀、孫蒓齋、唐紹儀、袁世凱、曹汝霖、王正廷、錢新之、蔣介石、孔祥熙、張宗昌、朱子橋、許世英等等，所談之事更是觀乎整個民初政局，甚至北洋軍閥間的種種內幕，李組紳曾告訴秦嶺雲說：「我所談的一些往事，都是身歷其事、耳聞其聲的經過。雖年湮月遠，手頭又乏參考書，其間人名、時間容有記憶不清之處，但其真實性無可置疑。」這其中有許多卻從未經人道之談，其珍貴處也就在此。

掌故學家瞿兌之認為宋以後之正史，多是鈔錄些諛墓之文，一傳之中，照例是某某字某某，某處人，某科出身，歷官某職，幾乎成了一種公式，千篇一律，生氣全無。他大為感嘆地說，這樣的史還能算史嗎？他說：「我們讀《史記》、《漢書》，覺得史家敘述一個重要人物，每從一二小節上描寫，使其人之性情好尚甚至於聲音笑貌躍然紙上，即一代興亡大事亦往往從一件事故的發生前後經過著意敘述，使當時參加者之心理與事態之變化都能曲折傳出，而其所產生之結果自然使讀者領會於心。」從來歷史只是冠免堂皇的官書，必須參照野史，才能明瞭其真實底蘊。唯有如此，事情的曲折隱微，人的性情風格，才能知道多一點。因為許多為正史所不載的事件，常需藉助這些野史掌故瑣細零碎的資料來細加鈎稽，這些資料在很多情況下卻是構成重大事件的重要環節，因此它常可以疏通史傳記載之疑難，補正史書之不足。李組紳的《政壇見聞錄》的意義也就在此。

掌故大家徐彬彬和《凌霄漢閣筆記》

我曾寫過〈最後一位掌故大家〉一文，談的是香港的高伯雨，文章開頭就說：「一般人說起『掌故』，無非是『名流之燕談，稗官之記錄』。但掌故大家瞿兌之對掌故學卻這麼認為：『通掌故之學者是能透徹歷史上各時期之政治內容，與夫政治社會各種制度之原委因果，以及其實際運用情狀。』而一個對掌故深有研究者，『則必須對於各時期之活動人物熟知其世襲淵源師友親族的各族關係與其活動之事實經過，而又有最重要之先決條件，就是對於許多重複參錯之瑣屑資料具有綜核之能力，存真去偽，由偽得真……』。因此能符合這個條件的掌故大家，可說是寥寥無幾，而其中高伯雨卻可當之而無愧。」高伯雨被我認為是最後一個掌故大家，而在他之前當然還有徐彬彬（仁錦，一八八八～一九六一）、徐一士（仁鈺，一八九〇～一九七一）兄弟，黃濬（秋岳，一八九一～一九三七），瞿宣穎（兌之，一八九四～一九七三）等人。

徐彬彬原名仁錦，字雲甫，號簡齋，筆名彬彬，凌霄漢閣主等，他筆名很多，有時用「凌」，有時用「霄」，又有時用「老漢」。江蘇宜興人。高伯雨說：「徐先生名叫什麼，我一向沒大留意，只知他寫新聞通訊稿署名彬彬，寫掌故文字，偶然也用此名或用凌霄漢閣之名，這都是他的字與號，不是名。但提起徐彬彬或徐凌霄，在二十年前（案：高伯雨此文寫於一九六一年冬）稍微留心國內文壇的人是沒有不知道的。他是江蘇宜興縣人，在清朝時代，寄籍順天宛平縣。他的伯父是戊戌新黨，以得罪西太后革職永遠監禁的徐致靖（光緒二年翰林）。致靖二子仁鑄（光緒十五年翰林）、仁鏡（光緒二十年翰林）是他的堂哥哥，一門都是書香人物。彬彬先生一共七兄弟，他排行第四，一士第五（今為北京市文史館館員）。他倆兄弟都是在北洋大學念書的，彬彬學的還是工程，但他從未做他的老本行，為什麼學非所用，我不大清楚。」

徐致靖係同治癸酉科舉人，光緒丙子科進士，授翰林院編修，官至禮部右侍郎。戊戌變法失敗以後，譚嗣同等六人在北京菜市口刑場慷慨就義。然而，很少有人知道，慈禧最初要處斬的不是六個人，而是七個人。那第七位君子，就是當時官至二品的禮部右侍郎徐致靖。七人中他不僅官位最高，而且康有為、梁啟超、譚嗣同等維新黨人都是他保薦給光緒皇帝的，所以慈禧太后對他十分仇視。本來徐致靖必死無疑，後因李鴻章與徐父是密友，又是同年進士，於是積極設法營救，巧妙地通過慈禧身邊的紅人榮祿出面求情，才得以將徐致靖改判為「絞監候」。庚子事變後徐致靖出獄，赴杭州定居，別字「僅叟」，意謂戊戌六君子被害，他是屠刀下僅存的一位老人。

徐彬彬幼時就讀於山東濟南高等學堂，舊學功底很深，為業師宋晉之所激賞。同時是典型的公子哥兒，與袁世凱的二公子袁克文（寒雲）、還有沈南雅與徐半夢四人並稱「京城四大才子」。經常一起，逛戲園子，喝花酒，談談詩，做做賦，搞搞筆會，日子過得甚是嫻雅。後來入京師大學堂（北京大學前身）學土木工程。後以國勢阽危，民生憔悴，乃思以文章報國，於是選擇了報館，進入了新聞界。

徐彬彬於一九一六年任上海《申報》、《時報》的駐北京記者，長期為兩報撰寫北京通訊和隨筆。他長於文學，嫻於經史，熟悉歷史掌故，因而他撰寫的通訊文筆優美而富有情趣，隨筆融時事經史和歷史掌故於一體，頗受讀者歡迎。與黃遠生、邵飄萍一道被稱為「民初三大名記者」。

後來徐彬彬辭去在《時報》的職務。一九二四年邵飄萍革新《京報》，孫伏園脫離《晨報》入《京報》編副刊，徐彬彬主要負責《京報》副刊之一的《戲劇週刊》。他能戲曲，且對於曲律有許多辨正。近代研究中國戲劇史者，頗不乏人，可惜多不精腔調，僅作紙上功夫，徐彬彬的長處，在於自己可以奏唱。

同時邵飄萍主持北京平民大學的新聞系，聘徐彬彬為教授，他講的功課頗多，由文字以至廣告學都有。中國的大學設新聞系，平民大學也是最早的一家。高伯雨說他在一九二五年時極醉心新聞學，立志要從事報業，打算中學畢業後入大學攻讀這一科，其時新任校長是杜國庠先生極力贊成他到平民大學去，為此還寫了公函去給汪大燮校長。只是後來高伯雨沒到北京，而是去了歐洲攻讀西洋文學了。高伯雨說當時他假使進了平民大學，就成了徐彬彬的學生了。

儘管沒當成學生，高伯雨對徐彬彬寫新聞通訊，有極高的評價，他說：「徐先生不愧是寫北京通訊的好手。它的特點頗多，一、筆致輕鬆趣味，能把北京的新聞寫成像小說戲曲一般，有妙喻，有批評，有時夾議夾敘。二、善於綜合報導。他能把許多不相連的事情，運用他的生花妙筆，像穿珠子一般穿成一串，使得讀者得到整個事情的來龍去脈。三、他精通清末民初掌故，對於政府中人的身世與歷史尤其熟悉。寫起通訊來，對某一人物的性格、立場、背景皆瞭如指掌，能據此而推斷其種種行事。四、善用戲詞。在報導文學中常常用戲詞加入。令人讀了增加興味，能收雅俗共賞之效。」

一九二六年，邵飄萍被殺害之後，徐彬彬不得不離開《京報》。這期間他與弟弟徐一士開始合撰《凌霄一士隨筆》。於一九二九始刊於天津的《國聞週報》六卷二十六期（七月七日出版），直到一九三七年八月九日為止，歷時有八年，實乃古今中外報界極其少有之現象。兄弟倆通過走訪一些清末民初的一些政要和遺老遺少，記錄了很多的掌故。這本巨著涉及到北京的民風民俗，三教九流，範圍甚是廣泛，內容甚是詳盡。有不少專家說，要研究近代史，特別是清末到民初這一段歷史，徐彬彬、徐一士的《凌霄一士隨筆》非看不可。有云：「《清史稿》是官方史，而《凌霄一士隨筆》集清野史之大成，加上他們二人的親身經歷，是最可靠的近代史資料，也是學習清代歷史的必修讀物。」《凌霄一士隨筆》全書近一百二十萬字，為民初年間篇幅最長的掌故著作，與黃秋岳的《花隨人聖庵摭憶》及瞿兌之的《人物風俗制度叢談》號稱為民初三大掌故名著之一。

徐彬彬除了精通戲曲之外，另一強項就是歷史了。自三十年代開始，他就一直在天津《大公報》主持副刊。主要在《凌霄隨筆》與《凌霄漢閣筆記》等專欄中寫些文史短文。介紹我國文物、典章制度、歷史掌故，如數家珍，且文筆極其流暢優美。可惜的除了《凌霄一士隨筆》出版外，其他文章都沒有結集出版過。

二〇一四年掌故家蘇同炳先生向我提及徐彬彬的《凌霄漢閣筆記》，並提供他從中研院歷史語言研究所影印的相關文章，但只有一小部分，大概只有五萬字左右，是來自天津出版的《正風》半月刊的第一至第八期。

說到《正風》半月刊，不能不提到該刊的創辦人吳貫因（一八七九～一九三六），他原名吳冠英，別號柳隅，廣東澄海人。一九〇七年，吳貫因赴日留學，就讀於早稻田大學史學系，獲政治學士。一九〇九年他同張君勱等人在東京設立諮議局事務調查會，並負責編輯《憲政新志》。在留日期間，吳貫因還結識了流亡在日本的梁啟超，兩人成為好友。一九一二年學成歸國後，便和梁啟超在天津創辦《庸言日報》和《庸言月刊》，梁任主筆，他當編輯。一九一三年，梁任北洋政府司法總長，他則任北洋政府衛生司司長、幣制廠廠長。一九一六年，袁世凱復辟帝制，他追隨梁啟超南下兩廣，揭起反袁的旗幟。一九一七年起，他開始從政，歷任北京政府內務部參事、內務部衛生司司長。後來，他推崇「教育救國」，一九二七年棄政從學，任東北大學教育、文學院院長，平民大學、燕京大學史學教授、華北大學校長。一九三五年，他返回天津創辦《正風》半月刊。

有關創辦《正風》的經過，據高伯雨說當時在廣東陳濟棠手下做什麼局長的孫某，當年在北京曾強行拜吳貫因為師，當他在南天王陳濟棠駕下發達後，力薦吳貫因為廣東教育廳長，據聞吳貫因予以拒絕，孫某硬要他去廣州見陳濟棠，吳貫因到廣州後，見到那種烏煙瘴氣景象，嚇到不敢承教，決意斷然回絕。傳說陳濟棠問他想做什麼，他回答什麼都不想做，只想回北方以研究學術終老。結果南天王撥出一筆錢請他辦個正風社，出版《正風》半月刊。第一卷第一期於一九三五年一月發行，出版到第四卷第十期停止。高伯雨說，初刊時頗見精彩，他每期必買，過了一年就差了。一九三六年，吳貫因因腦溢血病逝於北平，終年五十七歲。

《正風》半月刊在中研院歷史語言研究所只藏有前八期，後來我又從國家圖書館找到十二期，但卻是微縮捲，得在機器上逐一尋找到相關的文章，再複製影印出來，需花費半天的時間。該微縮捲拍攝時，原雜誌是來自烏拉圭，據我判斷是黨國元老李石曾當年捐贈給烏拉圭的藏書。李石曾藏的《正風》半月刊也不齊全，其中第一卷十七期、十八期、十九期、二十三期及第二卷第一期是闕如的，因此我又找到上海的友人張偉先生的協助，在上海圖書館找到這五期。除了《正風》半月刊外，徐彬彬還在其他雜誌發表同一專欄，我又廣加搜尋有《逸經》、《坦途》、《民治》月刊等。因此這書稿能有目前的二十萬字，卻是集合臺灣、烏拉圭、上海收藏的雜誌而成。對於協助的友人，在此深致謝忱。而當時原雜誌校對不精，有諸多錯字，作者都表示要在幾期後做一勘誤表，但始終沒做，加上當時只有簡單的斷句，沒有詳細地新式標點符號，因此在編輯上花費相當多的時間在斷句標點及製訂標題上。

我之所以會投入如此大量的時間，在於《凌霄漢閣筆記》一書史料價值極高，瞿兌之嘗謂掌故學者，既必須學識過人，又得深受老輩薰陶，並能夠眼見許多舊時代的產物。而徐彬彬恰好都具足了這三個條件，見聞既富，體會並深，左右逢源，遂能深造自得。他出身於官宦書香世家，為他的掌故史料提供了堅實的背景。而他所交往的人物、所聞的軼事，更絕非尋常百姓所能接觸到的，再加上他有史家風範，不輕易下筆，下筆則無一字不無來歷。這都使得《凌霄漢閣筆記》成為掌故史料叢書的扛鼎之作。它以晚清名宦為軸，輔以名士名流，或言人物軼事，其資料之豐富，遠邁正史之略；或述科舉制度，關乎學問風氣、制度演變，可彌史志之缺；或解析官場故聞，介紹官制變遷、升降例俗，以全官制之貌。至於談狀元、談太監，更是溯河探源，娓娓道來，讀之有味，更增知識。

在抗戰前夕有位筆名「阿蘇」的作者說他在北平來今雨軒的一個婚典中，見到凌霄漢閣主，他那頂破而且舊的氈帽，佈滿汗漬油泥。恐怕在參與婚禮中任何一頂帽子，找不出比它更舊，或者相似的一頂了。似乎這些油漬，可以代表他生活史上的創痕，而且互相輝映。他又說北平人喜歡從平淡裡求奇趣，這種個性，北平人謂之「夠味兒」。閣主的生活便很夠味兒。他每逢廟會，總喜歡到護國寺溜溜。沿著太平倉至護國寺街的甬道旁，不講求什麼周鼎、夏彝、漢瓦、唐磚之類，卻是佛品為多。

阿蘇也談到徐彬彬的文章，也如其人，看來雖似平淡無奇，但細細嚼咀，卻有晚明風韻。詩亦一派清麗，很少堆砌痕蹟。但他談詩，卻推重散原老人，而對樊（樊山）、易（實甫）兩人頗有微詞。

給您一個真實的杜月笙

——《上海大亨杜月笙》、《上海大亨杜月笙續集》編後記

杜月笙的名字雖然如雷貫耳，但大多數人對杜月笙還停留在他是青幫老大，似乎一天到晚只是打打殺殺的刻板印象。這是長期受到媒體及坊間寫杜月笙書籍的極大影響所致，是相當偏頗的看法。我們無庸諱言，杜月笙曾為黑幫老大，也曾販賣煙土，開過賭場。但絕非就只有這些事，餘則無足觀矣。杜月笙是中國近代史上一個最富傳奇性的人物。他長袖善舞，對前清遺老、軍閥政客、黨國高層、社會名流，乃至金融工商鉅子，無不執禮甚恭，看他恂恂如也，鞠躬如也地周旋於達官顯宦群裡，揖讓於耆老縉紳間，傾力結交，甚至結拜為把兄弟，或收為門生弟子，給予經濟支援，或月奉規銀，養為食客。而蔣氏高層如孔祥熙、宋子文、戴笠等，無不與之結為密友。有這樣一張足以操縱政界、工商金融界的關係網，有法租界做靠山，杜月笙在上海灘可謂左右逢源、縱橫捭闔，一呼百諾，終成為一代人物。

《傳記文學》已故社長劉紹唐在談到《杜月笙傳》時說：「杜氏自稱『樸實無文』，因為他出身寒微而未受教育，終其一生沒有信函日記等材料遺留下來。中年以後，雖顯赫一時，對

民初政治及政治人物有極重要的影響，也主持過許多大企業，但正式史料記載則絕無僅有。推其原因一方面由於杜氏具有謙沖的美德，許多事情由他出面解決，他卻不願別人在事後提起；另一方面，若干人士受杜氏之惠以後，往往有一種極微妙的心理，即在事後多不願、或不敢甚至不屑把杜某人的關係坦白地說出來。在這種『口說為憑』的情形之下寫傳記，最容易也最困難。容易者可以說『死無對證』；困難者眾說紛紜，各是其是，取捨為艱。」劉紹唐在出版這部由章君穀詳細採錄杜月笙身邊門人、親屬、好友等口述的杜月笙生平行跡，而擴展和演繹的《杜月笙傳》時，都已經有如此的感慨了，何況其餘呢？

因此坊間雖出版了大量的杜月笙傳記，或傳奇，它們都犯了一個嚴重的弊病，那就是游談之雄，好為捕風捉影之說，故事隨意出入，資其裝點。更有甚者，更以「遺聞」、「佚事」、「揭秘」為名，大肆謾罵、譏詆，遂行其某種政治目的。而其內容往往只是拾綴陳言，輾轉傳述，甚至以訛傳訛，離所謂歷史真相，真不可以道里計。

「傳記」雖然不全等於「歷史」，但它多少必須忠實於「歷史」。如果「傳記」不忠實於「歷史」，那不是「傳記」，而是「小說」而已。因此史學大師孟森（心史）說：「凡作小說，劈空結撰可也，倒亂史事，殊傷道德。即或比附史事，加以色澤，或並穿插其間，世間亦自有此一體。然不應將無作有，以流言掩實事，不可以其事本屬離奇，而用文筆加甚之；不得節外生枝，純用指鹿為馬方法，對歷史上肆無忌憚，毀記載之信用。」

而當今之所謂《杜月笙傳》者，可說都是後來者誇誇其談的，甚至寫作者都沒有人親見過杜月笙本人。即令名記者徐鑄成寫的《杜月笙正傳》，作者與杜氏也僅有一面之緣，其中的可信度有多少？實在令人懷疑。等而下之的寫杜月笙者，更令人不忍卒讀。曾經與杜月笙有過不少交往的「中醫才子」陳存仁就說：「杜氏並不是理想中的偉男子，完全是一個文弱書生的品型，真所謂『英雄見慣亦平常』。」陳存仁極佩服的是杜月笙判斷力，杜月笙常說：「不識字可以做人，不懂事理不能做人。」他辦一件事，先決定上策如何？中策如何？下策如何？還要考慮到後果會如何？好會好到如何地步？壞會壞到如何程度？他往往先聽別人講話，自己默不出聲，等到別人講完，他已定下了決策，無非是說：「好格，閒話一句」，或者是說：「格件事，不能這樣做」，他的判斷力極強，說過之後，從來不會變更的。杜氏全盛時期，上海凡是規模龐大的工商機構，都延攬他當董事或董事長。他擔任過七、八十個董事或董事長，何以一個最初不識字的人，有這般威望呢？都是因為他處理人事問題，有特殊的方式，往往只用一句話，就可以解決了一個大組織的困難問題，好多公司召開董事會，都移樽就教到他家中去舉行，大抵小事他都不管，大事才請他出來說句話。當時社會間的各式各樣的勢力很大，任何機構只要是由他擔任董事長的話，什麼事情都可煙消雲散，所以他成為上海百行百業眾望所歸的領袖人物。陳存仁的這些看法無疑地更較為客觀而真實。

筆者編校《上海大亨杜月笙》一書，該書分為兩大部分，除找出杜月笙秘書胡敘五所寫的《杜月笙外傳》一書，重新編排分段點校，改正錯字外。另一部份則蒐集與杜月笙有過深交或資深報人親歷親聞的文章，這些文章遠較坊間的杜月笙書籍，要具有史料價值，有很多事都是信而有徵的。

杜月笙因不通文墨，後來很相信捏筆桿兒的人，為了做好文字工作，他請了翁佐卿（左青）、邱訪陌、王幼棠、胡敘五，四個人當秘書。其中翁佐卿是張嘯林的門生，由張介紹給杜的；邱訪陌，由陳群介紹的；王幼棠（曾任淞滬員警廳秘書）由劉春圃介紹的；胡敘五由黃炎培介紹（曾在上海地方協會任秘書）。而其中以胡敘五先生做的時間最久，胡敘五甚至一直跟隨杜月笙到香港。這事我也求證於杜月笙的女兒杜美霞女士。

金雄白說：「我一向認為寫像杜月笙這樣的一個人，自然不失為極佳題材，但任何人有他的長處，也會有他的缺點，更何況於他。所以為杜氏立傳，褒貶之處，下筆頗難得當，而敘五以與他多年賓主之情，知道得多而翔實，評論得生動而中肯，文字的優美，反成餘事。」幾年前，我在上海見到杜月笙好友楊管北的兒子楊麟，他的書架上也有本《杜月笙外傳》，我問他對此書的看法如何？他說真實，尤其寫他父親的那段，真是親歷其境。

胡敘五因長期跟隨杜月笙，因此該書有極高的真實性，例如有關「高陶事件」，書中說：「月笙看過字條，深悉寄老（案：徐寄廎）為人，十分謹慎，如非千真萬確，落筆不致如此堅定。認為事不宜遲，利在速洽。即於翌晚飛往重慶，一面囑采丞留港稍候。其時蔣委員長適有桂林之行，原擬小駐，聞此密報，一宿還渝。召見月笙，前席專對。即囑月笙從速返港秘密進行。月笙返港後，又著采丞從速返滬。纔逾十天，溯老（案：黃溯初）蒞港。當將宗武（高宗武）去日經過、密約要點，逐一和月笙細說，並製成筆錄，俾月笙不致遺忘，得向當局詳陳。

於是月笙在同一月內又作第二次重慶之行。」據徐寄廎〈《敬鄉樓詩》跋〉回憶：「時杜月笙君在港，與溯初無素，余為介紹，一見如故，爰偕赴陪都，以某事言之於當路。」而據蔣介石一九三九年十二月十八日日記云：「下午與俄使談外交，與月笙談汪事。」是胡敘五的記載真實不虛。

一九五一年八月七日，杜月笙叫來胡敘五，說是要口述遺囑。時家人、好友均在室內，拭淚點頭。杜月笙這時已是兩頰凹陷，臉色白中透灰，說上幾句話就要大喘幾口氣。他緩緩說道：我已病入膏肓，行將離世，茲將所遺財產（包括現金、債券、不動產等），按具體分配方案，留給各位夫人及子女……各位繼承人要努力守成，艱苦創業，云云。杜月笙口述後，叫胡敘五重讀一遍，然後掙扎著簽上自己的名字「杜鏞」。老友錢新之、陸京士、顧嘉棠、吳開先、徐采丞五人，應杜之邀請，於遺囑上副署，監督以後遺囑的執行。八月十六日杜月笙病逝香江，一代人豪在此劃上句點。

胡敘五則孑身客寄香江，僅靠賣文為生。據金雄白說：「敘五狀貌如三家村學究，木訥又如一謙謙君子，對同文中稍有一得的人，即服膺勿替，說話帶有濃重的安徽土音，雖訥訥不出於口，但嫉惡如讎，極富正義感。他因曾為杜月笙佐筆政，過去時與俠林中人交遊，最難得的就是並未沾有此中習氣。敘五下筆輕盈，辭意茂博，如以貌取人，不信是出於其手。」一九七〇年胡敘五病逝香港，身邊沒有一個家屬，也沒有一個親戚，寥寥十餘朋友，為他在殯儀館草草辦妥了臨終大典，就送往火葬場安葬。是《杜月笙外傳》其史學意識、其文筆、其閱歷，足可作史，不宜等閒以內幕、秘聞之屬視之。它遠較之坊間誇誇其談的「杜月笙傳奇」，還是高明太多了，畢竟很多事都是作者親見者。

在編畢該書後，我又找到筆名「簾外風」寫的一系列《杜月笙軼聞》的連載文章，作者用的是筆名，告訴人們有如「簾外一陣風」。其實他可能是跟隨杜月笙身邊的秘書，或是杜月笙的策士，或是與杜月笙極為莫逆之人。因為只有具備這些條件的人，才知道杜公館裡面的內幕。只是目前尚未考證出來。

作者以親身見聞寫出居港期間的杜月笙，並細寫在杜月笙身邊的大將，有謀士，有武將，另外還有同時代相關的一些人物。從這些人物及事件中，將可窺見杜月笙一生的起落浮沉。作者掌握太多的細節，從這些細節中，您將可以捕捉到時代的脈動，還原到真實的杜月笙。這些文章寫的是杜月笙最後的一段時光，也可說是杜月笙最後的「完結篇」。但從未結集出書，只存在老舊的雜誌中，今重新整理編校，成《上海大亨杜月笙》一書之續集。另外簾外風在書中寫到的顧嘉棠、楊管北、胡敘五諸人，我都找到他們寫的文章，也一併收錄，可以和書中相對應。唯有這些信而有徵的史料，您才能還原一個真實的杜月笙。

杜月笙秘書
——胡敘五其人其書

坊間有許多談杜月笙的書，但當今之所謂《杜月笙傳》者，可說都是後來的人誇誇其談的，甚至都沒有人親見過杜月笙本人。即令名記者徐鑄成寫的《杜月笙正傳》，作者與杜氏也僅有一面之緣，其中的可信度有多少？實在令人懷疑。等而下之的寫杜月笙者，更令人不忍卒讀。但這其中有本一直被人輕忽的《杜月笙外傳》，是反而更有史料價值的。《杜月笙外傳》原刊登於香港《春秋》雜誌，登了好長一段時間，後來出了單行本，作者署名「拾遺」，採「拾遺補闕」之意。他甚至在一開頭就故意與杜月笙劃清，不讓人有任何的聯想。後來我從名報人金雄白的文章得知拾遺就是胡敘五的筆名，他正是杜月笙的中文秘書之一。

據筆名向晚（當為李毓田是日本早稻田大學畢業的經濟學者）的文章說，胡敘五為安徽婺源人，武昌高師（也許是優級師範）畢業。胡敘五少運甚佳，初到上海時，就做寶山縣衙門文案，每月薪俸雖只有二十五塊龍洋，但外快則難以估計，平均每月可分百餘元。辛亥革命後，他做黃炎培的秘書，待遇較差，但不久就轉任上海商會秘書，收入倒也不錯。抗戰發生後，改任杜月笙秘書，以至杜死為止。但他雖出入杜門，卻與幫會絕對無關，因他始終是一介書生和風流名士罷了。

向晚文章又說，胡敘五性耿介，從不自誇，也不奉承人，只是有一句說一句。過去終年都穿一件深青色長袍，皂鞋，光頭。他不慕榮利，最感興趣的是香煙、醇酒、美人。每飲必醉，不醉不過癮，醉後必找女人，真是「一擲千金」，他的兩位如夫人即如是得來。向晚說他和胡敘五相識，初由於公事關係，抗戰前期胡敘五隨杜月笙抵香港，而當時向晚在一敵情研究機構服務（案：當為陶希聖創辦的「國際通訊社」的編譯），自然會發生聯繫。香港淪陷，兩人先後到重慶，這就成為朋友，交往日深。勝利後，又在上海聚首。上海易手後再在香港會晤，這時已非普通朋友，而是患難之交了。他說胡敘五對於書法、對聯、詩、舊式來往應酬書簡，皆是高手。他之寫作始於倒霉後近十餘年間之事，他常以「拾遺」筆名在雜誌、報章撰文，而以寫杜月笙遺事最受讀者歡迎，因為真材實料，皆得自親見親聞，自非道聽塗說者可比，故寫來娓娓動聽。

一九五一年八月十六日杜月笙病逝香江，一代人豪在此劃上句點。而胡敘五則孑身客寄香江，僅靠賣文為生。一九七〇年胡敘五病逝香港，身邊沒有一個家屬，也沒有一個親戚，寥寥十餘朋友，為他在殯儀館草草辦妥了臨終大典，就送往火葬場安葬。

胡敘五的《杜月笙外傳》，其史學意識、其文筆、其閱歷，足可作史，不宜等閒以內幕、秘聞之屬視之。它遠較之坊間誇誇其談的「杜月笙傳奇」，還是高明太多了，畢竟很多事都是作者親見者。因此筆者將其重新編排分段點校，改正錯字外，又蒐集與杜月笙有過深交或資深報人親歷親聞的文章，這些文章遠較坊間的杜月笙書籍，要具有史料價值，有很多事都是信而有徵的。然後將這兩大部分，合而為一，編校成《上海大亨杜月笙》一書，重新出版。

胡敘五除了寫杜月笙之外，還寫了不少文章，大抵都是他所親見親聞的人與事。筆者挑選出其中最重要者，編成《杜月笙秘書見聞錄》一書。該書主要分成三部分，分別是哈同、陳彬龢與鴉片史。

哈同是英籍猶太人，他的大名在當年，上海人幾乎老幼婦孺皆知。人們對他毀譽參半，毀之者說他是個吸血鬼；譽之者則說他是個慈善家，救活許多災民云云。總說一句，他初時以走私鴉片發了大財，有了這筆錢財後，在南京路一帶運用投機伎倆，陸續佔取一些土地，奠定了他經營地產和發財致富的基礎。哈同娶妻羅迦陵，娶後凡所有投資，無不順利，於是對羅敬愛有加，從此迷信羅迦陵有「旺夫」之命。為了表示對妻子的摯愛，哈同在今天的延安中路、銅仁路、南京西路和茂名北路一帶建造了一座被後人廣為傳播的私家花園。人們都知道它有兩個名稱——「哈同花園」或者「愛儷園」。後者顯然是哈同的叫法，也就是獻給愛妻的花園。哈同花園全盛時期，單是華籍職工就有兩百多人，還豢養過一些清朝遺老、遺少，供奉一些和尚、尼姑，民初的達官貴人、流氓政客，其聲勢之盛，上海人為之側目。然而彈指之間，已毀於一旦，鞠為茂草了。正驗證了孔尚任《桃花扇》所說：「俺曾見，金陵玉殿鶯啼曉，秦淮水榭花開早，誰知道，容易冰消。眼看他起朱樓，眼看他宴賓客，眼看他樓塌了。」

一九一五年，哈同在愛儷園內設立了倉聖明智大學，該大學的前身是：南洋法政函數專門學校。倉聖是指中國傳說中創造漢字的聖人倉頡。學生從膳食、住宿到學雜費全部由學校提供，先設小學、中學，後來又增設了大學和女校。一九一六年，園內成立了廣倉學會。學校與學會，均以研究中國古代文字、古董和典章制度為宗旨。康有為、陳三立、王國維、章一山、費恕皆、鄒景叔等學者都曾在這裡作教書、編撰和研究工作。

巧的是陳彬龢的母親也在倉聖學校女學部當任舍監，而後來陳彬龢也當上男學部初小一年級的國文教員，據陳彬龢在〈我的年輕時代〉一文中說：「我出生於破碎的家庭，先父早背，家道寒微，所受正式教育，只在高等小學讀過幾年。先母為維持生計，在上海哈同花園倉聖學校女學部，覓得舍監的職務，兼教刺繡。而我則於十六歲時，由親友介紹，在浦東中學充任一名書記，寫鋼板，印講義，於蠟紙油墨間虛擲大好光陰。」後來他母親經過多方請託，才將他弄進哈同花園，當上男學部初小一年級的國文教員，月薪十元。也因此他得識前來擔任中學部國文教員的金石家胡小石，更因此認識了中國第一流學者沈曾植、朱祖謀、王國維等人。

陳彬龢是一名報人，上海《申報》六十週年紀念時，他入主筆政，言人所不敢言，大觸時忌，終被迫去職。太平洋戰事發生後，他從香港回到上海，在日人勢力範圍下，重入偽《申報》，擔任社長。抗戰勝利後被視為漢奸，開始逃亡生涯，漂泊三年，歷經九省，竟然躲過「追捕漢奸」的羅網，逃遁到香港。對於他的諸多資料，兩岸竟付之闕如，甚至錯誤百出，如《民國人物大辭典》等工具書，甚至把他的生卒年只記到一九四五年，其實他是活到一九七〇年才在日本病逝。筆者根據陳彬龢後來在香港《大華》半月刊發表的幾篇回憶錄及由他口述、胡敘五筆錄在香港《春秋》雜誌發表的逃亡經過及與他多所交往的金雄白、高伯雨（林熙）等人的回憶文章，梳理出他的生平大要，寫成〈不學「有」術的報界奇人——陳彬龢〉，附在本書中，讓讀者能明瞭整個事情的來龍去脈。而陳彬龢的回憶文章一併附上，可視為研究陳彬龢相當重要的一手文獻資料。

至於「特稅特商與中國鴉片史」更是精彩，因為這個題目很少人會觸及，因胡敘五身在杜門，而杜月笙早期是以販賣鴉片起家，後來雖洗手不幹，但胡敘五總會有所聽聞，其資料來源相當可靠。在近代中國史中，鴉片實佔重要地位。在此一燈一斗之間，其為禍之烈，已不止於弱種亡身，直可亡國滅種。北伐期間西南省份種植罌粟，遍地皆是，大有「萬里栽『花』算種田」之概。而當時軍政各費，多以鴉片作為通貨，折價支付，甚為離奇。「特稅特商與中國鴉片史」所述限於民十五年起至民廿八年止的鴉片煙事件。易言之，始於北伐，而終於抗戰時期之武漢大撤退。其內容分作兩部份：一為由鴉片煙所產生的特稅特商情形；一為在特稅特商下所發生的各種公案。

胡敘五說：「按之國家歲入歲出，均各編有預算。即使補短截長，亦自有其限度。如在預算上無此項目，而在事實上有此需要。或在預算上有此項目，而實際需要超越其所規定限額。情勢所迫，自不得不另闢財源。由鴉片煙而徵收的特稅，雖不足以抵補偌大用途。但日計月累，為數可觀，固不失為重大貢獻。重以此項特稅，原不列入正供。運用之間，隨心所欲，不受任何拘束，更屬取便。因此種種，故不得不依循故轍，仍恃鴉片為一籌款法門。」綜計每年所收稅款，約近三千萬元。其核計方式，每兩約徵一元，以擔為單位，每擔為煙土一千兩。

其間扶同匿稅，包庇走私，擾擾攘攘，迄無已時。甚至武裝護運，大動干戈，亦屬司空見慣，不足為異。鴉片煙是黑道上的勾當，一面公賣，一面卻還犯禁。如果在這項交易上講良心、談道德，那是世界上一等傻人，根本不配幹此營生。以故就中欺哄倒騙，以黑吃黑，在一般貿易上認為過於毒辣，在這一行業上卻視為地義天經。明乎此，則特商之專吃運商，自不屬於人咬狗的奇特新聞。胡敘五寫出十餘年間有關鴉片與特稅特商間種種錯綜複雜、鮮為人知的內幕，自是研究鴉片史、稅務史甚至政治史、社會史，不可多得的重要史料。

汪精衛姪兒汪希文回憶錄：《我與江霞公太史父女》

汪精衛的父親汪琡，字省齋，籍貫浙江山陰（今紹興），後外出遊幕，由海道到廣東番禺（今廣州），從此便寄籍其地。汪琡元配為盧氏，生有一子三女，子名兆鏞（字伯序，一八六一〜一九三九）；一八七一年盧氏病歿，汪琡續娶廣東人吳氏，吳氏先育有三女，而後才生下兆鋐（字仲器，一八七八〜一九〇三）、兆鈞（字叔和，一八七九〜一九〇一）、兆銘（字季新，一八八三〜一九四四）三子。「伯仲叔季」，汪精衛在四位兄弟中排行最末，而且是庶出的。

汪兆鏞幼聰慧，十歲能詩，年十八侍從父轂庵先生讀書隨山館，致力於經史古文詞。舉學海堂專課生，為東塾先生陳蘭甫之高足。與同邑梁鼎芬、陶邵學等遊，學益進。光緒六年補縣學生，十一年以優行貢成均。考用知縣。十五年舉於鄉，兩應禮部試不售，遂南歸，以刑名之學遊於州縣幕者有年。汪兆鏞長汪精衛二十二歲，汪精衛出生時，其父已六十二歲，但因食指浩繁，仍得奔走為幕。汪兆鏞為減輕父親的負擔，身為長子的他，對九位弟妹極為照顧，尤其是三位弟弟的課業更加注重，他扮演著「長兄如父」般地教之、養之。我們看汪兆鏞的《微尚老人自訂年譜》中說光緒十七年「余趨侍府君四會縣幕，命課仲、叔、季讀書」，光緒十九年又有「一省府君，並教授叔、季弟讀書」之句。光緒二十二年十三歲的汪精衛喪母；次年又喪父。再次年汪兆鏞到樂昌辦理鹽務，《年譜》中說：「二十四年戊戌，三十八歲，二月赴樂昌，仲弟留省教讀，叔弟留省學幕，余挈季弟、六妹、妻兒一同首途。」他特別將汪精衛帶在身邊，就近照顧。汪精衛在樂昌時，「從番禺章梅軒（琮）讀，致力文史經世之學」，其中章梅軒即是汪兆鈞的岳丈。汪精衛在樂昌這幾年，「學業獲得不少進步，長兄如父，家教嚴得近乎苛刻，汪背後雖有微言，但成年後還是很感激他的大哥兆鏞對他的教育和關懷」。光緒二十七年（一九〇一），汪兆鏞的「叔弟」——兆鈞不幸遘疾遽歿，終年二十三歲。而光緒二十九年（一九〇三），他的「仲弟」——兆鋐甫以縣試第一，補縣學生，但過沒幾天，卻染疫去世，年僅二十六歲。汪兆鏞至此雁行折翼，兄弟之間只剩汪精衛一人。

汪希文，號子申，是汪兆鏞之子，汪精衛的胞姪。汪希文生於光緒十六年九月初六日（一八九〇年十月十九日），只比汪精衛小七歲而已。汪希文和劉紀文兩人，同年同月同日生，只是不同時。汪希文是國民黨元老古應芬的高足，而劉紀文則是古應芬的女婿，當時已訂婚，但未過門而古婉儀卻香消玉殞，惟劉紀文始終視古氏如父。汪劉兩人因古應芬而早認識，到一九一七年，護法之役，孫中山在粵稱大元帥，劉紀文在大本營財政部為簽事（唐紹儀、廖仲凱分任部長、次長），汪希文則在內政部為簽事（居正、葉夏聲分任部長、次長）。兩人更加晨夕相見，北伐以前，彼此皆浮沉於宦海，不能說是得意。一九二七年，劉紀文一躍成為南京特別市市長，從此飛黃騰達矣，及後又出任廣州市長凡四年，可稱既富且貴。而汪希文在抗戰前，不過曾任廣東番禺縣長，後來任國民政府財政部簡任秘書、汪偽政府時任行政院參事，外放浙江省政府委員，兼糧食局長，又調社會福利局局長，再調浙江省第四行政區行政督察專員兼區保安司令，論官階不過簡任一級。

說到汪希文外放浙江省政府委員，兼糧食局長，是一九四二年汪精衛遣其返紹興掃墓，道經杭州，浙江省長傅式說設筵為之洗塵，席間詢問他在行政院擔任何工作，汪希文答稱核閱財政、實業、糧食三部之公事。傅式說乃邀其擔任浙江糧食局長，汪希文婉謝道：「你的好意，自當感謝，但我此次係奉命返紹興掃墓，倘省署於此時提出此事，家叔可能誤會我來鑽營做官，實有不便，請你另請他人吧！」翌日傅式說竟電呈南京行政院，請任命汪希文為浙江省政府委員，兼糧食局長。汪精衛接電後，乃徵詢行政院秘書長陳春圃意見。陳春圃答道：「部方與省方鬧意見，歷兩月而無法委出浙省糧食局長，以致影響民食，若由行政院內銓選人員出任，倒是折衷的辦法，今既由傅省長呈請，似可照准。」於是，遂提出行政院會議通過，由汪府任命。

汪希文曾婚金氏，一九二八年春，適喪其偶。悼亡後六年，也就是一九三四年，才續娶江孔殷之十一女江畹徵（江孔殷有子女十八人之多，排行十一、十二是女兒畹徵、畹貽，餘皆為兒子）為繼室，當時汪希文已四十五歲，而江畹徵為二十九歲，汪希文說：「畹徵是江霞公

（孔殷）太史之長女，家學淵源，受業於名孝廉馮侗若之門，學寫花卉於老畫家李鳳公。她能詩、能文、能畫。年二十九，始嫁筆者為繼室，其才華遠在筆者之上。記得她允許筆者求婚時，口占一詩為答云：『無限柔情無盡才，逸人風韻久名開。汪郎縱獲盈車果，不是知音也不來。』其風趣如此。」兩人結褵僅一年有餘，江畹徵不幸患淋巴癌，不治逝世，汪希文再見鼓盆之痛。

江孔殷（一八六四～一九五一），字少荃，廣東南海人。年少時好動，終日如蝦之跳動，人稱江蝦，他索性以「霞公」為別號，取「霞」字與「蝦」字諧音之故。霞公的先世以業茶起家發財，其父江清泉是上海的大茶葉商，綽號江百萬。到光緒九年他入學（俗稱中秀才）後，家道已中落。霞公年少時讀書不很用功，但聰敏過人，詩詞歌賦、詩鐘對聯這種表面學問，他都能來一手，也寫得一手很好的八股文，二十多歲在廣州文壇中便有「作手」之稱。遺憾的是，他連考三次舉人都名落孫山，八股作手大失威風，常自問：「難道我的文章不如人嗎？要不然，就是命中沒有孝廉公這份福氣了。」到光緒十九年又是鄉試之期，他於是以重金禮聘一個「槍手」，替他入場考試。本是作手，竟然要請槍手，而照理他應該躲起來，不要露面，但自己又覺技癢，又以低廉的代價，替別人入場做槍手。據掌故大家高伯雨查得的資料，這一科中的名人頗不少，大名鼎鼎的康祖詒（有為）獲雋，梁士詒之父保三亦中式，江孔殷中了，而他替李翹芬做槍手也中了。霞公興高采烈，大喜過望，立即命筆作一聯以自炫云：

作手請槍，要瞞人非為好漢；
闊佬響炮，過得海便是神仙！

「響炮」是科舉時代替人當槍手而獲中式的術語。霞公既是作手卻當槍手，既是闊佬（有錢人，他們大都不通文墨），卻又能中式，真是足以自豪的。

又經十餘年，霞公中光緒三十年甲辰科二甲第二十七名進士（汪希文的文章稱光緒二十九年，不確），是晚清最後一屆科舉進士，曾進翰林院，故又被稱為江太史。他點了庶吉士，回到廣州助兩廣總都岑春煊辦新式學堂，利用貢院舊址闢為兩廣優級師範（後來改高等師範，又再改廣東大學，進而改中山大學），封閉長壽寺，沒收寺產以充經費，霞公辦理此事相當出力，經地方大吏奏請，不必散館，即授職翰林院編修。後又斥資報捐江蘇候補道，但尚未補缺而清朝已滅亡了。

迨辛亥革命，霞公便趁早見風駛舵，首先剪去辮髮，附和革命排滿，他不過是想做官，不意胡漢民接任廣東督都之後，對霞公一直不甚重視，倘若他有所請託，多為胡漢民所拒。陳炯明是惠州客籍人，於廣州紳士的來龍去脈不甚清楚，眼見霞公才氣縱橫，似乎是能文能武，廣州河南同德里的太史第，平常裡都是「座上客常滿，樽中酒不空」的，因此陳炯明獨能給霞公以青眼，於是，陳炯明與霞公便深相結納起來。袁世凱的總統府秘書長梁士詒，是前清光緒甲午年翰林，江霞公是光緒甲辰年翰林，在昔時同稱為金馬玉堂人客，又是廣東同鄉，前輩與後輩，前清時在北京聚首，自然是頗為親熱，有其傳統友誼。

霞公因不滿胡漢民未能與之合作，無利可圖，且窺知陳炯明的心事，未能忘情於廣東督都的寶座。據說，乃於某夜特密約陳炯明到他的太史第密談，霞公表示他與梁士詒有舊交，可到北京一行，幫陳炯明除去胡漢民，並由陳接任廣東督都。陳炯明聽畢，認為正合孤意，乃贈送程儀巨萬，作為霞公赴北京活動的旅費。霞公向以長於交際，又是老於世故之人，見了袁世凱，自然說得頭頭是道，袁世凱自然十分高興，面囑梁士詒妥為招待。梁士詒當時曾對霞公表示，北京政府對於全國各省之決策，必須軍民分治，督都只管軍政，另設民政長管理民政，謂霞公如能使陳炯明確實擁護北京政府，當內定以霞公為廣東省民政長，霞公亦喜不自勝，乃居留北京，靜候佳音。

其時宋教仁在滬被刺一案，事態逐漸擴大，北京政府與國民黨之間，雙方劍拔弩張，東南四省督都，相繼發出通電，與國會議員相呼應，反對袁世凱對外大借款，聲勢咄咄逼人。袁世凱惱羞成怒，乃於一九一三年夏秋間，先後免去江蘇督都程德全、安徽督都柏文蔚、江西督都李烈均、廣東督都胡漢民等東南四省督都之職。特任陳炯明為廣東督都。不久，李烈均在江西湖口豎起討袁之旗，汪精衛受黃興之委託，由上海南下，要督促陳炯明在廣東獨立，加入討袁陣線。陳炯明本是個充滿私心之人，他的本心是想靠著袁世凱，做其南天王的，此時勸他獨立討袁，當然不是他所樂聞之事。因此汪精衛此行特邀朱執信同往，汪精衛是黨中的先進，朱執信又是陳炯明的師尊，素為陳所敬畏的，汪、朱兩人合力，憑其三寸不爛之舌，一夜之間，卒將陳炯明說服。

陳炯明發出通電討袁，此時最難堪的，是居留在北京的江霞公了。袁世凱傳江霞公入總統府問話，聲色俱厲，連梁士詒也愛莫能助。幸而霞公究竟是聰明人，能言善道，他辯道：「人人都能生兒子，但不能生兒子的心肝，陳炯明如此反覆，是意料所不及，孔殷不謹慎之罪，蓋無可辭。」袁世凱尚有怒容，梁士詒代為緩頰，霞公乃辭出，就此買棹南歸，他的廣東民政長之美夢，就此破碎，這回是陳炯明拖累霞公不淺。

一九一五年，霞公受聘出任英美煙草公司南中國總代理，與南洋兄弟煙草公司激烈商戰。南洋兄弟煙草公司是南海人簡照南、簡玉階兄弟創辦的。霞公指南洋煙草是日本人的資本，以入日本籍的簡照南出面經營，這在當時日本政府向中國施壓，強逼袁世凱簽署二十一條，導致全國反日，並抵制日貨的期間，無疑地是奏效了。結果南洋煙草的生意一落千丈，而英美煙草公司的煙就銷路大增。據高伯雨文中說霞公每年有二十萬元入息，也有人說不只此數。但只看他那種揮金如土的手段，就知他撈到「風生水起，盤滿砵滿」了。

一九三〇年，霞公返居廣州，於郊區籮崗洞租得官荒地一千餘畝創辦江蘭齋農場和蜂場，改良水果品種、引進國外良種蜜蜂，得籮崗橙、黑荔枝及黃金蜂蜜等良種，至今享譽於世。他的妾侍蕊馨、五子譽桂、十一女畹徵分別在農場任總管、技師等職位，成為名副其實的家族實業。並興辦南崗至籮崗圩的小軌鐵路、興修水利，耗盡資財。直到一九三八年，廣州淪陷，霞公舉家逃難到香港，江蘭齋農場也停辦了。

與霞公同在香港的高伯雨說道：「江蝦在香港避難時，生活仍然多采多姿，因為他是大名流，交遊滿天下，慕虛榮的人都趕著和他相識。有什麼慶典、雅集，人們都請他參加，往往把他和張一麐安排在上座，以『德高望重』論。記得是中國文化協進會有一次不知開什麼會議，他應人家之請站起來講話，講話的內容已經忘記了，只記得他把他的女婿汪希文大罵了一頓，罵汪希文既然要請他去投奔汪精衛，為什麼不把你死了的老子搬去南京安葬云云。（汪希文的父親汪兆鏞，死於一九三九年九月十一日，他是汪精衛的長兄。）同桌某君低聲對我說，江蝦罵女婿『正義凜然』，重慶方面已贈他港幣一萬元，聊可卒歲矣。」

一九四二年年底，霞公回廣州的太史第。抗戰勝利後，他在廣州還是安然無恙，只是年歲已大，又患了偏枯之病，當然沒有從前的豪氣。一九四九年以後，霞公仍居廣州太史第，初時沒有人注意到他，一九五一年佛誕日農曆四月初八，於廣州六榕寺失足，由是癱瘓，入荔灣區黎鐸醫院。是年廣東土改，南海農民追索「逃亡地主」，至醫院強行以籮筐抬返鄉里，準備對其進行批鬥，霞公暝目不語，一度絕食，歷四十一日而終。

江霞公之十三子江譽鏐（一九〇九～一九八四），又名江譽球，別字江楓，藝名南海十三郎。早年就讀廣州河南南武中學，因頑皮鬧事而被逐出校。在香港大學習醫時，為愛情而中途離港追隨女友到上海，適逢「一．二八」事變而不能回港，無法完成學業。他是三十年代名馳省港的年輕編劇家，為粵劇紅伶薛覺先編寫了《心聲淚影》，名噪一時。他的代表作還有《女兒香》、《燕歸人未還》、《李香君》、《幽香冷處濃》、《璇宮豔史》等。南海十三郎恃才傲物，創做事業如日方中時，卻遭逢愛情和事業的打擊，生活潦倒，更因神智失常，被送入精神病院，晚年四處流浪，最後一九八四年在青山醫院病逝。他的生平事蹟廣為流傳，最初被杜國威改編成為舞臺劇，並在香港主演，由謝君豪飾演。由於這套舞臺劇非常受歡迎，所以後來被改編成為電影，由相同的演員擔綱演出。後來再改編成為電視劇，於亞洲電視播映，並由林韋辰扮演。三種不同的影劇對他的生平有不同的演繹，亦帶給觀眾南海十三郎的不同面貌。

汪希文晚年流落香港，他也是命理學家，於當時的術數界頗負盛名。紫微斗數可說是混合了天文學、地理學、數學、統計學以及論理學，參考普通的常識再加上長時間的體驗而成的一種學問。它設計的原理便是利用天上的北斗星群（屬陰，主星為紫微）、南斗星群（屬陽，主星為天府）、紫微垣群星及其他的雜星為經，以先天八卦化合在後天八卦之內，配合以納音五行為緯，定局布星，用以預測人一生的際遇與禍福；利用一個人出生的年月日時當時群星的相對應位置，來研究它們相互間的感應關係，進而推斷出人生旅途上的種種事件，以達趨吉避凶的最終目的。汪希文於遲暮之年，而尤需賣文為活；以他的詩書傳家，竟效君平賣卜，我們可以體味到他晚景的孤寂淒涼，與生活的清苦艱窘。

一九五九年十二月三十日汪希文在香港《天文臺報》發表〈紀文已死吾猶生〉一文，記錄了自己的命造。他說：「我今年七十歲，現仍行癸巳運，今年太歲是己亥，己亥與癸巳，是天剋地沖，老早我認為今年該死，但不過四季多病而已，是否臘月可以壽終正寢，只有『天曉得』！幸而乃是太歲剋沖大運，不是大運犯太歲，災咎可望減輕，如能交到明年農曆正月立春節，則以後尚有四年好運，或者因我文字債欠得太多，上天要我還清債務，不容我早日息勞也。書至此，不能無感，因口占兩句云：『海濱寄跡苦岑寂，猶是塵勞未了身』可慨也哉！」四十六天後，也就是一九六〇年二月十五日，他服安眠藥自殺於香港沙田萬佛寺。據他四兒說：「舍弟重要心理有二：一、篤信命理，以為今年必死，與其受病痛之纏綿，不如早求解脫。二、有自尊心。不欲啟齒求人，不欲累及親朋。以此兩點交織於心，故有此項處置。」

《孫中山的左右手：朱執信與胡漢民》及其作者

在孫中山的手下最得力的助手，早期就是朱執信、胡漢民、汪精衛這三個人。就如同作者汪希文所說：孫先生在世時，最推重胡漢民與汪精衛，胡汪二氏常能左右孫中山之行動與主張，偶然發生某項問題，孫中山擬出一項處置辦法，若胡汪均表示同意，便即施行，倘胡汪二氏未同意，或另有不同的主張，孫中山可能放棄自己的意見而從胡汪，此為司空見慣之事。由是黨中有一部分同志，每謂胡汪乃是「太上總理」。而朱執信是汪精衛之外甥，比汪年輕兩歲，他更厲害，當時在黨內，若他同意孫中山之主張，或是另有折衷辦法，結論是孫中山及胡汪又每能接納朱執信之意見。因此朱執信當年又有「太上上總理」之稱。

光緒三十年（一九〇四）朱執信官費留學日本，入東京法政大學速成科讀經濟。在日本期間，他結識了孫中山。一九〇五年七月他在日本東京加入中國同盟會，和汪精衛、胡漢民先後任評議部評議員。自是追隨孫中山，為革命效力，舉凡丁未（一九〇七）廣州巡防營之役、庚戌（一九一〇）廣州新軍之役、辛亥（一九一一）黃花崗之役，武昌起義後粵省之光復，民初定鼎，討袁、護法，直至粵軍還鄉驅桂在虎門遇害，凡有關廣東之革命運動，幾無役不預。且臨事不避艱險，事後不爭名位，不計毀譽，極受孫中山之倚重。黨人重其志節，致有「革命聖人」之稱譽。

一九二〇年九月二十一日，朱執信到虎門調停桂軍與東莞民軍衝突，不幸被亂槍擊中身亡，時年三十五歲。孫中山聞訊自上海南下，曾非常感傷地說：「吾嘗言張靜江有文無武，陳英士有武無文，若朱執信者可謂兼之矣，今桂系雖已驅逐，得一廣東不足以償朱執信之死，我們付出之代價太大，痛哉！」朱執信出殯之日，孫中山親臨執紼，潸然下淚；胡漢民等亦不勝悲悼，白馬素車，極一時之榮哀！胡漢民有哭執信詩，詩云：「豈徒風誼兼師友，屢共艱虞識性情。關塞歸魂秋黯淡，河梁攜手語分明。盜猶憎主誰之過，人盡思君死太輕。哀語追摹終不是，鑄金寧得似平生。」

胡漢民自一九〇五年在日本東京加入中國同盟會，輔佐孫中山從事革命運動，一直至一九二五年孫中山逝世前後二十一年中，追隨孫先生，參與決策，精誠無間。孫中山的許多重要文稿多由胡漢民執筆，孫、胡二人在艱苦歲月中共同奮鬥，相濡以沫所形成的密切關係是十分穩固而持久的。儘管胡漢民常書生意氣、固執己見，甚至與孫中山發生過多次爭執，但是在大是大非問題上，他總是遵從孫中山，或站在孫中山一邊，孫中山曾對人說：「余與漢民論事，往往多所爭持，然余從漢民者十之八九，漢民必須從余者十之一二。」儘管在孫中山晚年他們對一些重要問題有了認識上的分歧，但胡漢民仍一如既往地追隨孫中山，而中山先生也始終信任、重用胡漢民。

一九三六年五月十二日胡漢民因腦溢血在廣州顯園病故，終年僅五十七歲。南京國民政府悼胡漢民的輓聯是：

乾坤正氣，黨國元勳，偉業贊共和，心力卅年匡大局；

道德恭持，文章經世，精神迴同儕，英靈萬里護中樞。

《孫中山的左右手：朱執信與胡漢民》一書之作者之一汪希文，與朱執信有有姑表之親，朱執信的母親，是汪希文的姑母，而朱執信雖比汪希文大五歲，但童年同在沈孝芬先生書塾讀書，共筆硯者有年。自幼同窗，長又相從，共事於革命工作者十餘年，因此對於朱執信的一切，知之甚深。汪希文說：「朱執信比精衛先生少兩歲，以輩數論，他與精衛雖是舅甥，以年歲論，若兄弟手足而已。」而汪希文又是汪精衛的姪兒，這雙重的關係，使得汪希文是寫朱執信傳的不二人選，他說：「雖然全憑記憶，拉雜成篇，但文內一事一物，皆為有關此一革命先烈之最真實史料。」

汪希文，號子申，是汪兆鏞之子，汪精衛的胞姪。汪希文生於光緒十六年九月初六日（一八九〇年十月十九日），只比汪精衛小七歲而已。汪希文是國民黨元老古應芬的高足，一九一七年，護法之役，孫中山在粵稱大元帥，汪希文在內政部為簽事（居正、葉夏聲分任部長、次長）。汪希文在抗戰前，不過曾任廣東番禺縣長，後來任國民政府財政部簡任秘書、汪偽政府時任行政院參事，外放浙江省政府委員，兼糧食局長，又調社會福利局局長，再調浙江省第四行政區行政督察專員兼區保安司令，論官階不過簡任一級。

汪希文晚年流落香港，他也是命理學家，於當時的術數界頗負盛名。汪希文於遲暮之年，而尤需賣文為活；以他的詩書傳家，竟效君平賣卜，我們可以體味到他晚景的孤寂淒涼，與生活的清苦艱窘。一九六〇年二月十五日，他服安眠藥自殺於香港沙田萬佛寺。

《孫中山的左右手：朱執信與胡漢民》一書的另外一位作者是張叔儔。張叔儔（一八九七～一九六二），廣東番禺人。他的父親張德瀛，字采珊，號清音堂。光緒十七年（一八九一）舉人。長於詩詞，亦能繪畫，尤長於畫梅。著有《耕煙詞》五卷、《詞徵》六卷。張德瀛曾為胡漢民的老師，胡漢民在《耕煙詞》序云：「漢民僅八歲時，從師受業句讀，其後格於人事，不復能獲文學之教於師門，每展遺編，未嘗不引以為憾。」胡漢民工書能詩，著有《不匱室詩鈔》。張叔儔與胡漢民及其兄清瑞先生，均為同學，張叔儔是三、四十年代的詩詞家，曾寫過不少詩詞在當時的廣東日報《嶺雅》副刊上發表。如〈得不匱室主人來書賦答〉及〈梅子黃時雨・聽雨〉等。他與黃詠雩也常有詩詞唱和，在雅集中切磋詩藝。一九四七年他與黎季裴、張蔭庭、黎澤闓、胡隋齋、劉伯端、冼玉清、張瑞京、張紉詩等在北園宴集，賦詩唱酬。一九四八年仲冬他與黃詠雩、黎六禾、胡伯孝、朱庸齋、黃耀燊、張紉詩、許菊初，填詞與和答，黃詠雩填一闋〈摸魚子〉，詠木棉絮。他們又同作〈梅子黃時雨〉詞。一九五七年黃詠雩與他離別九年相見，聽說張叔儔擬去南洋，互相倚聲敘別，次韻和答，情誼深厚。

汪希文與張叔儔兩位作者寫朱執信及胡漢民，都有其近身的觀察，較之他人所寫的，當有更珍貴的史料。而這些長文當年僅發表於香港《春秋》雜誌，汪希文的〈憶胡展堂（漢民）先生〉一文，則是發表於香港《天文臺》報紙上。從未結集出版過，因此知者甚少。筆者鑑於其資料之可貴，乃重新打字校對，合為一書。另補上〈輯四：粵事憶舊談〉，有四篇文章分別是〈粵事憶舊談之一：陳炯明、胡漢民、朱執信〉、〈粵事憶舊談之二：陳炯明討袁，江霞公受累！〉、〈粵事憶舊談之三：龍濟光怎樣逼走陳炯明？〉、〈粵事憶舊談之四：民九年前光怪陸離的粵局〉，使其對當年諸事之顛末，有其脈絡可循，當有助於對其整個歷史背景的瞭解。

《戴笠與十三太保》編後記

有關寫戴笠的書籍相當多，琳琅滿目，不勝枚舉，其中較有史料價值的有國防部情報局出版的《戴雨農先生全集》（上下冊，費雲文編，非賣品）；國史館編輯的《戴笠先生與抗戰史料彙編》，該套彙編包括軍統局隸屬機構、中美合作所的成立、軍情戰報、忠義救國軍等四大冊，也就是說有關戴笠個人的檔案基本上已經公開了。但對於這位中國「間諜王」，其實一直有太多的神秘色彩，充塞其間，至今還是相當吸引人們的目光。

曾寫過《洪業：清朝開國史》、《上海歹土》等書，被稱為美國漢學界「三傑」之一、並曾為柏克萊大學亞洲學哈斯基金教授，曾任美國社會科學院院長、柏克萊大學東亞研究所所長、美國歷史家學會會長的魏斐德（Frederic Wakeman Jr.）教授就寫過《間諜王：戴笠與中國特工》（魏斐德著，梁禾譯，江蘇人民出版社二〇〇七年十一月出版）。他參考了數百種間接或直接的資料，試圖以一種包羅萬象的方式來處理戴笠的個人史和國民黨的特工史，但這本書的裁減比較雜亂，因為要把這些龐雜而混合的資料理清還真不是件容易的事。我偶然間在中研院翻閱香港老舊雜誌，發現局外人（筆名）寫有關於戴笠和十三太保之間的二十餘篇連載文章，於是將其蒐集編成一書，名為《戴笠與十三太保》。

一九三二年，蔣介石授意其心腹、黃埔畢業生賀衷寒、鄧文儀、康澤、桂永清等人成立特務組織「中華民族復興社」（仿照法西斯特務組織義大利黑衫黨、德國褐衫黨，又稱「藍衣社」），由蔣介石核定幹事十三人為該組織骨幹，被稱為「十三太保」。具體哪十三人，說法不一，有說賀衷寒、鄧文儀、康澤、桂永清、劉健群、潘佑強、鄭介民、葛武棨、梁幹喬、蕭贊育、滕傑、杜心如、胡宗南等十三人；也有說劉健群、賀衷寒、鄧文儀、康澤、桂永清、酆悌、鄭介民、曾擴情、梁幹喬、蕭贊育、滕傑、戴笠、胡宗南等十三人。

作者因身處其中故知之甚詳，道出其中多少內幕，此為一般局外人所無法得知者，從特工的訓練到藍衣社的組成，一直到整個軍統的所作所為，一一呈現，無疑地是研究特工最一手的資料，甚至是研究抗戰期間特工間諜戰，不可或缺的史料。諜海風雲，翻雨覆雲，政治兩字對他們而言，沒有中立，非友即敵！鬥智鬥力，情節緊湊！生死一瞬，間不容髮！

作者或因是當時身處在軍統中的幹員，礙於身分無法曝光，只得以「局外人」為筆名。所謂「局外人」，是有意讓讀者推想是「局中人」之意。這批文章在此之前甚少人見過並引用，單行本問世更是首次，因此彌足珍貴。其中有作者在行文間故意隱去其名，而以「××」，今仍依其舊。

彭昭賢、盛世才回憶錄合編

彭昭賢（一八九六～一九七九），字君頤，山東牟平縣人。早年就讀於本村私塾。一九一三年，他考入牟平師範講習所，畢業後在馬格庄學校任教。後來他因要考長春南滿醫學校，搭船到大連，正遇豪雨困了幾日，等到長春時考期已過，最後他流落到哈爾濱，在意外機緣下，他得進入哈爾濱道尹公署任職，在公餘時間又去讀夜學，就這樣一混三年多，他一心一意要投考大學。他的理想目標是想去考「北大」，後來他就讀於北京大學法學院，但因有太多的兼職，對於求學與做事的時間分配上，就大成問題了。北京大學不同於其他大學，對於學生的課程管理一向嚴格，不准許隨便缺課的。於是彭昭賢只好忍痛由北大轉學到「中國大學」。

一九一七年底，孫中山派包括彭昭賢在內的十八名代表攜帶救濟糧到蘇俄救濟災民。到蘇俄後，彭昭賢後來入讀莫斯科國立大學社會科。那時蘇俄曾特別發一張護照給他，護照上註明，彭昭賢在校內如觸犯任何過失，都對他有不逮捕和不監禁的優待。而彭昭賢也幸虧有了這張護身符，才得以完成四年的學業，否則，也許要半途而廢了。

一九二四年，彭昭賢回國，此後他歷任國民政府外交部條約委員會委員、中國駐伯力總領事、國民政府內政部統計司司長、中央組織委員會政治組織研究會委員、中國國民黨新疆省黨部指導委員、新疆省政府委員兼民政廳廳長、陝西省政府委員兼民政廳廳長、中國國民黨中央組織部副部長、中華民國內政部次長、部長等職務。一九四九年國共北平和談時，彭昭賢起初曾被委派為南京政府方面代表，但中國共產黨方面因認為他是CC派的主戰分子而拒絕接受。同年八月彭氏攜家帶眷到了香港，隱居於半山區羅便臣道七十五號二樓。此後，彭氏在香港雖曾一度參加所謂「第三勢力」，但他覺得這裡面的情形非常複雜，乃又舉家遷去日本。他在東瀛除了擔任亞細亞大學一個中國留生部的名義外，大部的時間，都是在家裡讀書閱報，過著韜光養晦的淡泊生活。

一九六二年間，彭昭賢在日本接受香港記者凌雲的採訪，口述其回憶錄，以「政海浮沉話當年」為題，逐期發表於香港《春秋》雜誌，其中頗多從未為外間所知之秘辛軼聞，彌足珍貴。臺灣當時的《春秋》等雜誌，亦曾轉載多篇，然無一得其全豹者，至多只登到前十二篇而已。今編者找全所有已發表的文章得到十六篇外，又另有補遺五篇，實際整個回憶錄有二十一篇之多。而其中有四篇涉及盛世才者，分別是：〈盛世才是怎樣崛起新疆的〉、〈盛世才與汪精衛新疆鬥法記〉、〈東北義勇軍繞道俄境返國秘史〉、〈盛世才在新疆忽左忽右之謎〉。當時盛世才在臺灣也見及彭昭賢的這些文章，他認為「有的是故意攻訐，有的是公開扯謊，有的存心誣陷，有的造謠生事，甚且公然偽造文電。這些錯誤，有的是不應該犯的，有的是無扯謊之必要，有的是無假造之必要，有的對老朋友不應該造謠誣陷。以彭先生當年之學識經驗來論，均不應該有這些不智慧之事。這或者是由於年老（彭先生已是年將近八十歲的人），精神錯亂和神志不清之所致。今提筆檢討故人，不甚禁感慨萬端！原擬置之不理，不過因彭先生曾為國家大員，特別因為他是我到塞外新疆去的介紹人，為了對研究新疆歷史的人們負責起見，只得抽暇對之加以檢討糾正，以正視聽，而符史實。因為歷史是不允許歪曲的，而歪曲歷史，是難逃春秋之筆的。」於是盛世才寫下了他的回憶錄《牧邊瑣憶》，其中有〈我怎樣被選為新疆臨時督辦〉、〈再檢討彭昭賢先生十大錯誤〉、〈總結彭昭賢先生十大錯誤〉諸篇，可說是完全針對彭昭賢文章的辯駁。

彭昭賢與盛世才，當年兩人同居要津，一在中央，一在地方，雙方所見利益糾葛，自有不同，加上涉及漢回、中俄等種族、國家問題，是非也自然見仁見智。今編者特將兩人之回憶錄合編在一起，蓋便於相互參照，至於是非曲直則不妄加評論。尤其兩人之回憶錄，均無單獨成書，其史料價值更彌足珍貴也。

趙叔雍和其回憶錄《人往風微》

二〇〇九年一月十三日的《上海書評》二十六期有星樺〈談趙叔雍〉說：「談起趙叔雍，內地的出版物所記都很簡略，連生卒年也多有出入。前讀《顏惠慶日記》，提及他的地方均錯譯成『趙叔榮』。《上海近百年詩詞選》將他的生卒年定為（一九〇二～一九六〇），而二〇〇八年十二月二十八日《上海書評》刊曹其敏〈話說「梅黨」〉一文作（一九〇〇～？），都錯了。」而張暉在〈趙叔雍其人及其他〉文中亦說：「趙叔雍的生平行跡在大陸沉晦已久，各類辭典都對他的卒年付之闕如」。

但筆者從趙氏《高梧軒詩全集》末附其女兒趙文漪跋可得知，趙氏是卒於丁巳（一九六五）年「七月三日丑時」。雖是如此，但其行跡還是簡略，因之查考當年與他有過交往的人士，梳理出一些線索，或可拾遺補闕也。

趙叔雍（一八九八～一九六五）名尊嶽，齋名高梧軒、珍重閣。江蘇武進人。他的父親趙鳳昌（字竹君），是張之洞的重要幕僚，在清末民初政壇上很有影響力。略微知道一些近代史的人，即使不知道趙本人，但對於「湖廣總督張之洞，一品夫人趙鳳昌」這句「謔而虐」的刻薄諷刺，總是有些耳聞的。根據姚崧齡所寫的「民國人物小傳」云：「趙鳳昌（一八五六～一九三八）少時家貧，失學，入錢莊習賈。嗣以掛欠，被斥退。富戶朱某鑒其聰明伶俐，為納資報捐雜職，分省廣東候補，時年甫二十。旋入粵藩姚覲元（彥侍）署中，任書啟。光緒十年（一八八四），張之洞任兩廣總督，鳳昌夤緣充督署文巡捕（侍從）。日久受之洞賞識，升充文案，參預機要。光緒十五年（一八八九），之洞移督兩湖，遂隨赴武昌，益見信任，升充總文案。鳳昌讀書雖少，而記憶力強，且富忍耐性，工於迎合揣摩。與之洞朝夕相處，久而久之，極能了解之洞心性，悉其癖好，居然能代擬公牘，符合旨意，摹仿其書法，幾可亂真。光緒十九年（一八九三），大理寺卿徐致祥奏劾之洞辜恩負職，涉及鳳昌。查辦結果，之洞免議，鳳昌則革職永不敘用，勒令回籍。時官已保至直隸州知州矣。之洞對鳳昌所受處分，不免抱屈，特於武昌電報局給予掛名乾薪差使，常川駐滬，為其耳目。鳳昌於是與盛宣懷、張謇、何嗣焜、沈瑜慶、陳三立、湯壽潛、施炳燮等人結識。庚子拳亂，與諸人謀議，勸導張之洞參加東南自保。光緒末年，對於君憲運動，暗中復多鼓吹。時與主辦《時報》之狄葆賢（楚青），及江浙名流多所往還，互通聲氣。辛亥革命，南北議和，北方代表唐紹儀抵滬後，即挽鳳昌約晤張謇，暗示袁世凱如能被推為總統，則不難迫使清廷退位。鳳昌原與紹儀熟識，所居上海公共租界南陽路惜陰堂遂變為南北代表與同盟會要人黃興等，幕後商洽條件之所。迨孫中山先生返國，亦嘗與諸人相見於惜陰堂。而鳳昌則面陳滬漢情勢，及建國理財諸要端，頗蒙採納。關於當時爭執最烈之第一任內閣總理，必須由同盟會會員擔任一問題，竟然經鳳昌從旁建議由唐紹儀加入同盟會，即以會員資格當選充任，獲得中山先生同意，而告解決。蓋與會諸人認為辦法如此，雙方兼顧，紹儀可作孫、袁兩臨時總統新舊交替之橋樑，使南北統一，早日實現。鳳昌以此，亦遂被譽為『民國誕生之助產婆』云。南京臨時政府成立之際，漢治萍（煤鐵）總公司主持人盛宣懷逃避日本，政府因即指派鳳昌代表官股出任該公司董事長。嗣以不同意以公司產權押借日款而辭職。尋與張謇、章炳麟、湯壽潛、熊希齡及江浙地方人士，於同盟會之外，組織『統一黨』，由張謇任理事長，章炳麟任秘書長，鳳昌任基金監。臨時政府北遷後，鳳昌反對『統一黨』黨部隨之北移，遂辭去基金監職，不問黨務。從此息影滬濱，以迄壽終。」

其中關於趙鳳昌的被革職永不敘用一事，學者孔祥吉在〈評一代奇人趙鳳昌及其藏札〉中認為，劉禺生在《世載堂雜憶》所記含混不清，大多是沿襲胡鈞所編《張文襄公年譜》所載，不排除為尊者諱、為親者諱的可能。而當時曾派兩江總督劉坤一、兩廣總督李瀚章按照徐致祥所參各節，查明據實具奏。李瀚章居官圓滑，不願得罪人，因此稱趙鳳昌非但無干預公事，反而「曾將洋行例送茶金，呈繳充公。」但劉坤一的調查報告說趙鳳昌「其人工於心計，張之洞頗信用之。該員雖無為人營謀差缺實據，而與通省寅僚結納最寬，其門如市，跡近招搖，以致物議沸騰，聲名狼籍。……不恤人言，罔知自愛，似應請旨即予革職，並勒令回籍，以肅官方。」這些評語不能說不嚴厲，正是導致趙鳳昌的被革職的主因。

根據錢聽濤的資料說，趙鳳昌元配夫人洪元，生一女名汝歡，又名志仁，適蘇州潘一山。

繼配夫人周南，廣東人，生女汝和，又名志道。早年就讀上海中西女塾，辛亥革命時到武漢參加救護隊，支持民軍，以後留美，與楊杏佛結婚。據《中國民權保障同盟》一書稱，楊杏佛遇刺時他們已離異，但仍去弔唁送輓聯。她一直活到一九七六年才以八十七歲高齡在上海去世。她和楊杏佛生有兒子楊小佛，曾任全國政協委員，一直在上海社會科學院工作。

周夫人生子趙尊嶽，原名汝樂，字叔雍。趙叔雍可算是「名父之子」。在上海南洋公學畢業後，周夫人不願他隨姊赴美留學，遂從清末民初四大詞人之一的況周頤（蕙風）填詞。據況蕙風的女婿陳巨來在《安持人物瑣記》中說：「趙老乃求朱（彊村）介紹，以叔雍執贄侍函丈焉，每年奉束修一千元（其後又有潮州巨駔之子陳蒙安〔運彰〕為弟子，年奉五百元）。時叔雍只十八歲，專以填詞為主，蒙安亦如之。當時況公為二人所改削之詞稿，幾潤飾十之八九也。余乙丑冬為況氏東床後，蓋屢見不鮮也。叔雍自列況門之後，將況公所著之《蕙風詞》二冊、《蕙風詞話》四冊、《證璧集》二卷等四五種之多，均由叔雍獨資付揚州姜文卿刻字店刊木版印成行世者，而他自己亦有《和晏小山詞》一冊附之於後。此和詞，據況公告我云：因感其刊印之功，故為之大改大潤者云云。」

趙叔雍對詞學有很深的造詣，撰寫了許多詞學方面的研究文章。一九九二年上海古籍出版社出版了趙叔雍輯《明詞彙刊》（又稱《惜陰堂彙刻明詞》、《惜陰堂明詞叢書》），彙集明詞二百六十八種，是迄今明詞輯刻規模最大的叢書。趙氏搜輯明詞，始於一九二四年。他早歲師從況蕙風，蕙風輯《歷代詞人考鑒》已至元代，因明詞無多，難以繼續。趙氏承蕙風之業，遂立意於明詞之輯刻。至一九三六年，得詞林同道趙萬里、唐圭璋和著名藏家董康、徐乃昌、葉恭綽等相助，彙集當時即已罕見之本，「隨得隨刊，將三百家，各集均撰短跋為記」，即今《明詞彙刊》本。唐圭璋先生為之撰寫跋語評價說：「叔雍方彙刻明詞，逾二百家，珍本秘笈重見人間，尋三百年前詞人之墜緒，集朱明一代文苑之大觀。」而趙叔雍也自認為「執此以觀，則明詞非不繁富。惟因多附見詩文集，且有清一代，絕少搜輯之者，故未易獲其全豹。即此不圖，後更無及。充愚公移山之願，竟精衛填海之功，亦談茲道者所謬許乎。」可以說，趙叔雍對保存明詞原貌與全面搜羅明詞做了扎實的工作，為《全明詞》的編纂奠定了重要的基礎。

陳巨來又說：「據聞叔雍為南洋公學畢業者，趙以《申報》大股東，故叔雍得為該報總秘書名義，能指揮一切者（一說，只監察員名義云）。」對於此事，當時同在報界的金雄白說：「因為史量才從我鄉席子佩先生手裡接辦了《申報》，因『申報』兩字沒有在契約中規定一併讓渡，而史量才於接盤後仍以《申報》名義出版，為席子佩控於上海公共租界的會審公廨（俗稱新衙門），至被出票拘提。要了事，就得要錢，而那時的史量才，還是蠶桑學校教書的窮措大，接盤《申報》，還都仗羅掘與別人的幫忙，忽有意外鉅款的支付，自出於他能力之外。幸叔雍的尊人竹君先生與南通張季直出而援手，商之於蘇省當道（似為程德全），以省款支援，而事始得解。叔雍的進入《申報》服務，且甚得史量才的倚畀，是愛他的才氣，也所以報其先人的相助之德也。」

當年上海《商報》記者胡憨珠後來在《申報與史量才》一書中說：「終因申報在起出組織時期，以趙竹君與應季中兩人的主張最堅，出力最大，而出錢投資也最多，始得實現向席子佩手中，把《申報》接盤過來，從而使史量才獲遂主持辦理出版報紙的心願。如今他爭取得全部主權，擁有統一局面的《申報》以後可說是有志竟成，不過總算他吃飯尚未忘記種田人，於是他就把趙竹君的兒子趙尊嶽（叔雍）與應季中的兒子朱應鵬，（按：應季中娶杭州朱御史之女，當說親時，議定係兼祧朱應兩姓，凡頭生之子必須為朱氏香火的繼祀人，此即應季中長子命名朱應鵬的原由）全被汲引進入《申報》編輯部做事。他們兩人都是所謂名父之子，亦各才華清茂，文采斐然。惟趙叔雍的賦性則聰穎敏慧，行為卻沖和靈活，而朱應鵬恰恰反之，他的生性則樸實無華，脾氣卻固執不化。是以史量才對此兩個故人之子，稍稍存有一點愛憎的偏見觀念。便也因此，他對趙、應兩家那筆立據的借款，趙叔雍需要用款時，立索即可立得如數。朱應鵬需要用款時，則屢索無著，故他常為此事感覺氣惱而在編輯室中，大發脾氣。」

一九二八年「五三」濟南慘案發生後，舉國憤慨，當時外交部長王正廷，以日人蠻橫無理，慘絕人寰，亟欲將日人之暴行，昭告於全世界，於是暗中策動上海新聞界發起組織國際新聞記者調查團，前往濟南實地調查，揭露日軍兇殘真相。當時記者調查團的成員為：上海四大報代表——《新聞報》的嚴獨鶴、《申報》的康通一、《時報》的金雄白、《時事新報》的趙叔雍（當時《申報》總經理張竹平代孔祥熙收購了英文《大陸報》與原為政學系的《時事新報》，又創辦了《大晚報》與《申時電訊社》，號稱四社，堅邀趙叔雍入《時事新報》助陣）；外國記者有英文《密勒士評論報》的鮑威爾、法文報女記者艷奴，及一名美國福斯影片公司的攝影師，一行七人。金雄白（筆名朱子家）就是在此次的調查行動中與趙叔雍訂交的。據金雄白說趙叔雍給他的第一印象，就是十足的名士派。他說：「大連丸從上海出發，一路波平如鏡，我們總在傍晚時分，群聚在甲板上，欣賞燦爛的晚霞，享受襲袂的涼風。一天，正在倚欄閒談，而奇景出現了，表演這一幕奇景的就是叔雍。他整整齊齊的穿著一襲中國綢大褂，因為剛浴罷，竟然裡面未加寸縷，上海人稱外有長袍，而內無褻衣的叫做『雞籠罩』。這名詞說穿了不太雅馴，但是不失為最適當的妙喻。意思是長袍覆蓋於外，正如雞籠那樣的空自籠罩，其實內無他物，僅一白鳥鶴鶴而已。不料叔雍的隨便，而海風狡獪，卻故意弄人，一陣狂飆吹來，把他的長袍飄捲，於是鬚眉畢現，無所遁形，別人到也罷了，艷奴目睹到這一幕奇景，無心中看到了東方的白鶴，為之前仰後合，捧腹大笑。此後數十年中，我們還常常以雞籠罩來對他作為取笑的話柄。在我所寫《黃埔江的濁浪》一書中，曾述其經過，叔雍讀後，寄我詩云：碧海青天卅四年，艷奴蹤跡渺如煙。依前老我雞籠罩，每說風情尚惘然！後加小註云：『雄白兄敘近代史事，涉及舊遊，彌滋悵觸，作絕句貽之，用誌鴻爪。』叔雍那一份毫無造作而饒有風趣的名士派，在在處處都會自然流露。」

一九三一年春，史量才為進行《申報》的全面革新，先行實現了黃炎培所獻的組設「申報總管理處」之策。該處的組織成員，除史量才自任總理以外，基幹人員六人，計為總編輯的張蘊和，經理的馬蔭良，中文秘書的趙叔雍，英文秘書的錢伯明以及被邀來新入《申報》的黃炎培與陳彬龢。

一九三四年十一月十三日下午，滬杭道上——浙江海寧翁家埠，史量才遭國民黨軍統特務有預謀的暗殺，終年五十四歲。十四日，《申報》以醒目大標題刊出〈本報總理史量才先生噩耗〉及遺像，另趙叔雍撰寫〈哀悼史量才先生〉代替《申報》社論。如所眾知，趙叔雍自有其清茂博碩的才華，對於這篇訃告文字，他以清麗絕俗的優美詞藻，搆撰成如晉代文人雅士所作的小品文，從而寫出史量才的死因真相。胡愍珠認為該文雖未說明「匹夫無罪，懷璧其罪」的一點內情。但帷燈匣劍，蛛絲馬跡，已盡其隱約可見的影痕索跡之妙。才人筆墨，非常人可及。所以一般人說趙叔雍自史量才接盤《申報》之日起即已追隨史氏左右，他在《申報》館二十三年的年日過程裡，只是吃喝玩樂，並無有若何的特殊成績之可言，但憑此次史氏遇難之後，是他撰寫〈哀悼史量才先生〉的一篇《申報》社論，與革新史氏死後訃告文字的廣告設計兩事，已足以酬報館的慷慨養士之德了。

史量才死後，趙叔雍依然在《申報》。史量才之子史詠賡在陳彬龢的慫恿之下，雄心萬丈，在一九三八年三月一日，在香港發刊《申報》香港版。馬蔭良與趙叔雍等老臣都到香港指揮辦報，趙叔雍還擬就編輯部和經理部的名單，他以陳陶遺為總編輯，特別拍出急電到上海，調來孫恩霖與鄺笑庵兩人來港。使各人負責主編一版的任務，而後再配以自動前來投效的馮山與柯舞韶，以及陳彬龢所舉薦的湯建勳、王顯廷、陳賡雅等人組成編輯部。當港版《申報》正式出版以後的一個多月，趙叔雍眼看經編兩部工作人員，都已上了軌道。於是，把編輯部交還給史詠賡和馬蔭良，才賦歸上海。

對於趙叔雍，朱樸（省齋）說得極好，他說：「珍重閣為詞學名家，梅黨健將，宦遊南北，三十餘載，上自光宣遺老，下迄當代鉅公，無不親炙交遊，文酒往還，因能熟悉掌故，言之有物……文筆綺綺麗，一時無兩，深為讀者所讚嘆云。」對於「梅黨健將」，金雄白就說：「大約在民國十三四年間，梅蘭芳到上海演戲，剛好《新聞報》的文公達也是個梅迷。……梅蘭芳一到，這《申報》與《新聞報》的兩枝健筆，就排日在副刊上大捧特捧，劇評而外，兼及梅之起居注，為捧角文字中前所未有之盛。」金雄白又說：「以後，在戰時，中國銀行在滬復業，董事中有馮耿光（幼偉），有吳震修，有叔雍，也有我，他們這三位，不僅是捧梅的健將，而且是梅的死黨。馮耿光人稱馮二爺，在他於民初任中國銀行總裁時起，就以梅的保護人自居，靡日不相見，無事不代勞，以致人們有不慊於梅者，說他是『背上駝個馮耿光，胸前抱個福芝芳』（按：福為梅之繼室），雖不免有失忠厚，但可見兩人關係之深之密。中國銀行銀行董事會中，有著如此三位的捧梅人物，對於行務倒像是虛應故事。形式上討論告一段落之後，就是你一句，我一聲的畹華如何如何，與小玖兒（案：為梅之子葆玖）的如何如何了。他們談得吐沫橫飛，讚不絕口，叔雍更往往雜以笑語，興會淋漓。這個行務會議，也無異於變成了梅蘭芳的座談會，我看到他們的痴態可掬，也發現了他們都不失為是性情中人。」

一九六一年八月八日凌晨，梅蘭芳在北京辭世。當時遠在新加坡的趙叔雍在得知消息的第二天，他用蘇東坡贈息軒道士韻寫了一首古詩悼念他，詩云：「投老隱炎陬，為歡憶少日。烏衣識風度，壯齒未二十。朝朝會文酒，夜夜巾車出。我甫欲南征，細語別樓隙。凡茲不勝紀，一擲拼今昔。忍哀對遺影，猶似盈歌席。成連嗟入海，風雨徒四壁。」趙叔雍在〈世界藝人梅蘭芳評傳〉文中，還說：「我以前寫過不少梅先生的記載，很多是他的身邊瑣事，愛看的人，說寫得很有趣味，不愛的人，便說不談梅先生的劇藝，祇談他的生活，無聊之至。他們又哪裡懂得我的用意，原在列舉各種材料，供給人家研究梅先生的修養的用處呢。我敢再說一句，凡是治現代史的人，對於研究對象的重心人物，實在應該這樣做去，才有成績。不要盡憑大人物有些『違心之論』的演說和開會演說時『裝腔作勢』的鏡頭，來下批評，在他們，那些根本是一部分的業務，正和梅氏的舞臺演出一樣而已。」

趙叔雍在抗戰中附逆是他一生中的一個污點，有論者指出，楊杏佛（銓）和趙叔雍是郎舅至親，楊被刺身死，叔雍頗受刺激，因而他於抗日期中竟參加了汪記偽府。對此金雄白認為「叔雍的參加汪政權，我也不以為是為了受他的姊丈楊杏佛受刺的刺激。淪陷區的慘狀是他目擊的，汪先生與竹君先生是故知，而與他又為吟友，公誼私情，又以他不羈的性格，遂以『社會上負有重望之人士』的身分而參與此歷史上悲劇的一幕。最初，汪先生在上海的機關報《中華日報》復刊時，他列名於評論委員之內，以後陳公博出任上海市長，由他登任秘書長，書生從政，應付上有時會欠於圓滑，有人所求不遂，曾出之以中傷之舉。事實上他的出佐公博，秘書長的職務不過是表面的，公博建立電臺聯絡軍人，以與重慶暗通聲氣，知之而又助之者即為叔雍，所以公博在獄中所寫〈八年來的回憶〉一文中有這樣的記述：『軍事方面已和顧墨三

（按為顧祝同）和何柱國取得聯絡，大概今年五六勝間（按指一九四五年），有一位姓楊的湘人，名字我也忘記，可以問趙尊嶽（叔雍名），奉陶廣軍長之命來見我商量，軍事合作，共同剿共』云云，足證叔雍之參加汪政府，並不是由於私人的意氣。」

金雄白又說：「叔雍於一九四四年冬，繼林柏生之後而出任宣傳部部長。那時汪氏已病逝日本，公博繼任主席，宣傳部在汪府中是一個重要的機構，大約經公博與佛海共同商量而始決定任命的。那時我正在上海主持《平報》社務，有一天晚上，我到佛海上海居爾典路的滬寓，不料高朋滿座，陳公博、梅思平、岑心叔、羅君強與叔雍等都在，佛海忽然笑著對我說：『叔雍將主管各報社而出任宣傳部長，你們是老友，你要不要向他表示歡迎道賀之意？』我聽到了這一消息，覺得有些突然，而且我以為以詞人而擔負行政工作也並不相宜，因自恃為故交，我過去拉了他一下袖角，拖他到無人的屋角，輕聲的對他說：『不久將酒闌人散了，你又何苦於此時再來赴席？』叔雍卻還是他那一副吊兒郎當的習性，他卻笑笑說：『你比喻得並不當，我是一向坐在桌邊在看人家打麻雀，此時八圈已畢，有人興猶未闌，而有人起身欲去，我作壁上觀久矣，三缺一，未免有傷陰騭，何苦敗人之興，就索性入局，以待終場。』他的一生行事，不論鉅細，也總是顯出他遊戲人間的名士行徑。」

抗戰勝利後趙叔雍也因此淪為階下囚，他和嚴家熾、汪曼雲、俞紹瀛、張韜及其婿譚仲將等均羈在上海南市車站路看守所，後來移到提籃橋監獄，家產惜陰堂也給沒收了。在監獄時，那些牢友總是愁眉相對，他卻能不怨天、不尤人，還是輕輕鬆鬆的那副老脾氣。他和梁鴻志還在監獄裡作詩，梁鴻志進提籃橋後的第一首詩就是給趙叔雍的，因為他們詩酒往還關係太深了。趙叔雍和梁鴻志隔室聯吟，用宮體詩十餘律，把陰森的監獄，描摹得恍惚成為紅牆碧瓦、雕欄畫棟般的皇宮。

服刑三年後出獄，他於一九四八年寄跡香江，阮囊不裕，先為中華書局海外編譯局的編輯，後又執鞭餬口，於香港文商專科學校任教。然而家庭變故接踵而至，先是他的兒子典堯一九五〇年在廣州病逝，傷明之痛，人所難堪。其夫人王季淑，係出福州望族（是當今文物大家王世襄的姑母），其曾祖父王雁汀（廢雲）遍歷中外，是清季名臣，伯父王可莊（仁堪）光緒丁丑狀元，父旭莊（仁東）光緒丙子舉人，著有《完巢詩稿》。因此季淑也工詩善書法，名士才媛當年在惜陰堂唱和，以趙明誠、李清照自況。伉儷之情本篤，不意為流言所傷，晚年竟至失和。不久，獲新加坡國立大學聘為國學教授，在中文系講授詞章，他寫給親友信中，有「寄跡南荒，索居苦寂，臨老作嫁，為飢而驅」之語。他常往來香港、新加坡之間，與饒選堂、曾履川多有唱酬。章士釗每次來香港，都與之會聚。一九五六年章士釗南來，所撰詩結集為《章孤桐先生南遊吟草》，叔雍為之經營出版，並撰文介紹了章詩的特色，還對章士釗南來的意圖有所披露，是值得玩味的文字。

一九六二年他的老友齊如山在臺病故，趙叔雍寫了一首輓詩，題曰：「得如山大隱之耗，旬日始奉遺書，益增涕淚，題詩誌輓」詩云：「驗封滴滴墨痕新，雪涕天涯已古人。著作平生戡偽體，多能一藝重斯文。舊遊深巷投門客，細字潛聲去國身，知更誰能倡絕學，不堪滄海幾揚塵。」以斯文骨肉之情，寫朋舊凋零之感，既傷逝者，行亦自念，其愴痛可知。

趙叔雍老去頹唐，客中寂寞，猶須嘔心與粉筆毛錐為緣。何以解憂，唯有杜康，因得黃疸病，延醫已遲，終至不起。他口占請友人代書的「絕筆詩」云：「病魔鬥藥事如何？萬苦千辛備一茹！夜擁重衾猶觳觫，晨看疏雨待朝蘇。危時擲命尋常事，垂老珍生是至愚。大好頭顱吾付汝，此中頗有未完書。」其女兒文漪註云：「先父病篤時曾欲捐眼睛頭顱贈醫院，時家人無在側者，為朋輩所阻。此為當時口占友人代書之絕筆詩，足見先父偉大之人格與豁達之天性。」至於「未完書」云云，應該他一直想寫而未能寫的《詞學源流》等書。

趙叔雍生於詩書門第，其父惜陰老人為其遍訪碩學之士，使其有所師承，加上他天賦聰明，得大詞家況蕙風之薰陶，卓然成家。詩文冠絕儕輩，駢文典麗、古文樸茂，而且手揮目送，下筆千言，不加雕琢，往往談笑中成之，其博聞強記工夫，令人傾服。至於他的為人，與他有四十年之交的金雄白稱之曰：「可愛處全在不拘繩墨的那一份名士風流，能豪飲、能談笑，一肚子的書，一肚子的當代名公鉅卿的遺聞軼事，說來莊諧雜出，使人聽而忘倦。」

趙叔雍故世前數年，曾說家藏文物如過眼雲煙，唯《高梧軒圖卷》，不知下落，引為遺憾！七〇年代此圖卷忽在香港出現，成為一件著名的文物。高梧軒為趙叔雍在杭州所築的讀書之所，因書齋正對花園，中有兩株高大的梧桐樹而名之。它的名氣雖不及惜陰堂響亮，但亦時見於文人的篇什。掌故大家高伯雨說：「原來老父專壑惜陰堂，而少主人則據高梧吟嘯，咳吐珠玉，名士風流，雛鳳清於老鳳矣。」《高梧軒圖卷》是一九二一年趙叔雍請蘇州畫師顧麟士（鶴逸）所繪，畫的本身沒有什麼特出之處，倒是題詠的人卻薈萃了一時的大名士，分別是況周頤、陳石遺（衍）、陳三立、陳寶琛、孫德謙、朱祖謀（彊村）、李宣倜（釋戡）、馮君木、周梅泉（達）九人，其所寶貴也在此。

趙叔雍從詞學家況周頤（蕙風）學詞，是知名的詞學家，他所寫的文章大都是有關詞學的。但一九四三年三月十六日他在《古今》半月刊第十九期起連載《人往風微錄》，陸陸續續寫了十篇有關人物的傳記，分別是：（一）唐紹儀、（二）張謇、孝若、（三）熊希齡、（四）莊蘊寬、（五）朱祖謀、（六）屠寄、（七）鄭孝胥、長子垂、（八）沈曾植、（九）嚴幾道、（十）徐潤。這些赫赫有名的人物，都是他父親趙鳳昌的好友，昔日都經常往來於「惜陰堂」的，他也親見而時加請益的對象。後來他認為當「發憤為紀先哲嘉言，識其小者，用備史官之旁證，追疇日之歡悰」，於是他寫下這十篇文章，許多事是他親歷親聞的，極具史料之價值。而他所寫的這些懷人的小傳記，又「筆端常帶感情」者，出自他詞人之筆，堪稱雋永之作！

惜當年刊登於《古今》的這批文章，並無標點，亦無分段，雖一氣呵成，但對年輕朋友在閱讀上是有些困難。一九六五年趙叔雍去世後，香港《春秋》雜誌重刊其遺文，乃重新標點分段並加上篇名及小標題，便於讀者閱讀。今筆者則採用兩者相互校正，重新打字排版。

另趙叔雍號稱「梅黨健將」，他的長文〈世界藝人梅蘭芳評傳〉寫出他近身觀察到的梅蘭芳，是研究梅蘭芳不可多得的史料。同樣的他寫〈國劇大師齊如山〉，是在齊如山在臺灣逝世後，他遠在新加坡的《南洋商報》撰文悼念，情文並茂，人既可傳，文亦足傳。

「惜陰堂」乃趙叔雍父親趙鳳昌在上海之寓所，當辛亥革命時，代表南方革命派的人物多假其地為會議之所，而趙鳳昌亦從中盡力策劃，以助革命成功。〈惜陰堂辛亥革命記〉是一九六一年趙叔雍應北京中央文史館所作，以紀念辛亥革命五十周年。趙叔雍在原稿上還有題識云：「祖父精勤幹國，不自表曝，今年辛亥五十周，京師文史館方屬撰述舊事，以補文獻，特鈔印付舉之珍藏，庶知先人功業，應更自勉矣。父識，辛丑十月。」其中「舉之」為長女文漪女士小名。此文後來雖收錄於《辛亥革命資料選編》中，但刪節頗多，今依高伯雨所得之於趙文漪女士之原文（此文曾刊之於一九七〇年九月香港《大華》雜誌復刊之第一卷第三期及第四期），重新排版校正。

詞人本色汪東：《寄庵隨筆》

二〇一〇年二月間，因寫黃季剛的文章，要參考汪東的《寄庵隨筆》，遍尋圖書館不著，向張掖的友人黃岳年兄提起，不久黃君不僅寄來該書，另有厚厚一大冊《夢秋詞》，說是託人在北京找到的。兩本已絕版多時的書，從北京到張掖再到臺北，飛渡萬里江山，朋友的高情盛誼，讓人銘感五內。

說到汪東，今人多不識矣。他是晚清至民初的外交家汪榮寶的弟弟，原名東寶，與兄感情殊篤，後榮寶卒，他有感雁行折翼，改單名為東，取旭日東升之意，以旭初為字。他弱冠留學東瀛，先入成城學校，後入早稻田大學預科，畢業後入哲學館，同時加入同盟會，擔任《民報》撰述。一九〇六年，章太炎在東京開設「國學講習會」，定期講授文字學、音韻學、莊子及中國文學史等課程，汪東與黃侃、錢玄同、吳承仕、魯迅、周作人、許壽裳等一同前往聽講，北面受業，其中黃侃、汪東、錢玄同精於文字學，吳承仕精通經學，四人有「章門四子」之稱。後來又加上朱希祖，另號章門「五王」，皆餘杭太炎得意高足也。

一九一二年，章太炎在上海籌辦《大共和日報》，章任社長，汪東為總編輯，錢芥塵擔任經理，沈伯塵主插畫，日出兩大張。鴛鴦蝴蝶派作家李涵秋有小說原名《過渡鏡》，講揚州的三戶人家的世態沉浮和社會變遷，揚州古稱廣陵郡、廣陵國，於是錢芥塵將書名改為《廣陵潮》，在《大共和報》的副刊專欄《報餘》上逐日連載，一時洛陽紙貴。

「補白大王」鄭逸梅說汪東「所娶費氏，為費仲深（樹蔚）妹，早卒，續娶陶孟斐，白頭偕老。」又說：「旭初詩，有那麼一句『一生受盡美人憐』，或許他尚有些羅曼史呢。」鄭逸梅後來雖與汪東有所交往，但他實際上並不瞭解實情。據汪東的姪兒汪公紀大使（臺灣女導演汪瑩的父親）說他的八叔碩長而白，高額豐鼻，年青時也算得是美男子，「八叔出任餘杭縣的知縣，在縣裡遇到一個艷妓，有意把她迎娶過來為妾。八嬸在京中聞訊，不顧自己生病的兒子，趕忙的由京中趕到縣裡，把她的情敵攆走了。雖然這次吵鬧，艷妓表面上是吃了虧，但是受創最重的還是八嬸。就在她往返京浙的十幾天當中，寶寶乏人照料，竟夭折了。而八叔遇到了妬妻，又傷子，在縣裡丟盡了威嚴，也掛冠而去。他氣憤填膺久久不消，從此不願同房，就此絕了嗣。」後來汪東當了南京中央大學的文學院院長多年，他一個人獨居南京，夫人陶孟斐則留在蘇州，直到抗戰勝利還都，十餘年不見面的夫妻才盡棄前嫌，和好如初的。

汪東在中央大學教的課，是中文系一年級必修的文字學，二、三年級選修的唐宋詞，都有他自己編的講義。據其學生說講課雖然略帶蘇州土音，但聲宏氣壯，坐在大教室的後排，也聽得很清楚；尤其講唐宋詞，遇文句美妙處，直欲將「文外曲致」道出時，更覺響亮，說到激動處，甚至額上暴出一根青筋，頻頻以手帕拭汗。汪東實兼儒林文苑之長，學術閎通，文章雅懿，更工於詞，以為不在周邦彥之下。論者以其「宗清真，控縱自如，頓挫有致，舒徐綿邈，情韻交勝」，在唐五代兩宋諸大家之外，能別開生面，獨樹一幟，而甚加推崇。《夢秋詞》係汪氏親自編定並繕錄者，輯自一九〇九年至一九六二年的詞作，凡二十卷，計存詞一千三百八十餘首。篇什之富，為歷來詞家所罕見。該詞集曾抄錄兩份，擬影印出版，未果，汪氏羈留大陸，鬱鬱以終。詞稿其中一份由其摯友張瑞京帶到臺灣，後交給汪公紀，再交沈雲龍，收入《汪旭初先生遺集》於一九七四年出版。另一份留在大陸，十年浩劫中，幾被付之一炬，幸經其後人汪堯昌從火堆搶救出，得以在一九八五年影印出版。

名師出高徒，汪東在《寄庵隨筆》中說：「余女弟子能詞者，海鹽沈祖棻第一，有《涉江詞》傳鈔遍海內，其〈蝶戀花〉、〈臨江仙〉諸闋，雜置《陽春集》中，幾不可辨。」「又有尉素秋者，蕭縣人，亦卒業中央大學。讀詞課時，初無表現。及余臥病歌樂山，素秋亦入蜀，頻來探問。出其詞，音節抗爽，與祖棻之淒麗婉曲者異，蓋各如其人。」

尉素秋是知名政論學者任卓宣（葉青）的夫人，也是尉天驄教授的姑母，來臺後除了致力教育工作外，也為臺灣現代文學出力甚多，她資助尉天驄創辦《筆匯》月刊、《文學》季刊，發掘了小說家陳映真、黃春明、王禎和等一批作家，黃春明曾以「新文學之母」來稱呼她。尉素秋回憶當年她們五位女同學還在中大的六朝松下的「梅庵」組成一個詞社，名曰「梅社」。雅集唱和，並以詞牌作為各自的筆名，如：霜花腴曾昭燏、點絳唇沈祖棻、虞美人章伯璠、菩薩蠻徐品玉、聲聲慢杭淑娟、破陣子張不環、巫山一段雲胡元度、齊天樂游介眉、釵頭鳳龍芷芬、西江月尉素秋等。她們又把各人派作《紅樓夢》中的人物，於是寶釵、湘雲、寶琴、元春、探春、岫煙等，都復活起來。她們覺得老師中胡小石最慈祥，派他作賈母，汪東最嚴肅，派他作賈政。

汪東為此寫了兩首七絕：

悼紅軒裡鑄新詞，刻骨深悲我最知；
夢墮樓中忽驚笑，老夫曾有少年時。

若個元春與探春，寶釵橫髻黛痕新；
化工日試春風手，桃李花開卻笑人。

言下之意是說他幼時最得祖母寵愛，人們把他比作《紅樓夢》裡的賈寶玉，而今卻被這群女學生視為賈政，真是「差很大」！而自己一手培植的門牆桃李，忽然取笑自己的老師來了，真是莫可如何。嚴肅的老師，碰到這群調皮的女學生，還是只能相顧失笑，不以為忤的。

《寄庵隨筆》是在抗戰勝利後在上海《新聞報》連載，直至汪東去世時，並未刊行。而一九七四年臺灣文海出版社出版的《汪旭初先生遺集》亦沒有收入。直到一九八七年上海書店才出版簡體直排版，但印量極少，早已絕版三十年了。此次重新打字校對重印，也是首次以繁體字出版。

《吳國楨事件解密》編輯前言

香港著名報人李𦋎生曾以筆名馬兒撰有《吳國楨事件》一書，該書於一九五四年由香港新生出版社印行。可說是吳國楨事件發生後，作者作為一位資深報人，對整起事件的始末，及吳國楨與蔣介石、蔣經國父子之間的關係，還有到後來蔣介石連番炮製「吳逆」罪愆，而吳國楨辭去省主席赴美後跨海五次上書蔣介石，刀刀見骨的批判，做一詳盡的論斷。

「吳國楨事件」是一九五〇年代初期臺灣重要的政治事件。李𦋎生此書可說是對吳國楨的辨冤之作。可惜的是當時香港的出版物不易進到臺灣，而此異議的聲音，恐亦不容於當道，因此此書流通甚少。

李𦋎生已於一九七三年六月二十八日病逝香港，其夫人呂媞女士為著名書畫家，後來移居美國舊金山。我透過香港書畫收藏家許禮平先生告知其得力弟子的聯繫方式，很快與呂女士取得聯繫，經其同意授權此書再版。後來呂女士又打電話到紐約給李𦋎生的公子李勇先生，蒙其惠賜資料，得以寫成作者簡介，在此非常感謝。另呂女士當年在《大人》雜誌寫有悼念李𦋎生的文章〈活在我心中〉，則收為本書附錄，讓讀者對其人有更深一層的認識。

六十年忽焉過去，「吳國楨事件」對年輕一輩可能是非常遙遠的事了，甚至對吳國楨其人都不甚了然，因此轉載了已故史料家關國煊先生的〈吳國楨其人其行〉，關先生治史料嚴謹，信而有徵，可對吳國楨其人有進一步的認識。而已故韓道誠先生則將當年所剪存的新聞報導資料，加以整理，以補關先生對吳國楨辭卸臺灣省主席後，所引發的政治風波敘述之不足。另外朱啟葆的〈吳國楨事件發展中的平議〉是一九五四年發表在《自由中國》的文章，亦有其史料價值。另外陳宏正先生提供了〈胡適與吳國楨殷海光的幾封信〉，南京學者邵建先生同意轉載其〈「吳國楨事件」中的胡適與吳國楨〉大文，盛情可感。

感謝這些作者，或從史料的角度，或從其引發的效應，來解讀此一事件。此書之編輯，亦是想就相關的資料彙編在一起，讓研究者能從多角度去看此事件。

一代梟雄袁世凱

——《袁世凱的開場與收場》編後記

說到袁世凱，稱他是一代梟雄，應該是沒有異議的。他一生充滿傳奇，在晚清末年聲勢喧赫，風雲際會，扶搖直上，曾與張之洞同入軍機。到溥儀繼位後，醇親王載灃為攝政王，載灃及隆裕后因戊戌政變舊怨都主張殺袁世凱，後以張之洞力請而罷，始命其以足疾之藉口開缺回籍。袁世凱此次被黜，實乃其生平之最大挫折。到宣統三年，他東山再起，任內閣總理大臣，重攬大權。當時愛新覺羅之孤兒（溥儀）寡婦（隆裕），只有任其擺佈了。到了清廷下詔退位後，他一變為大總統，再變為只有八十三天的「洪憲皇帝」！他就任總統後，內政外交，本有可為，但他不知民主政制為何物，又受其子袁克定之慫恿，因此有一九一六年的稱帝之荒謬舉措，弄到後來護國討袁，眾叛親離，及身而敗，他也憂憤而死！

袁世凱（一八五九～一九一六），字慰庭，號容庵主人，河南項城人。父親袁保中官至候補同知。袁世凱自幼過繼給叔父袁保慶為嗣子，袁保慶病故後，復隨堂叔袁保恆至燕京念書。早年科舉失意，乃棄文從軍，投身淮軍。一八八一年五月，袁世凱至山東登州，投靠袁保慶的結拜兄弟吳長慶（淮軍名將），任「慶軍」營務處會辦。次年，隨吳長慶率師渡海援朝鮮，以援韓之役有功，奉旨以同知用。及至一八八四年春，中法戰起，海疆多故，吳軍奉命調防金州，而以袁世凱任留後，吳長慶為之請於直隸總督李鴻章，而有「總理慶軍營務處，會辦朝鮮防務」之命。直至一八九四年中日甲午戰爭前始奉調回國。

甲午戰敗後，清廷認為淮軍不足恃，欲改練新軍。一八九五年十月袁世凱奉命於小站練兵，所用將校人員，一部份為淮軍宿將，一部份是天津武備學堂畢業生。如王士珍、段祺瑞、馮國璋、陳光遠、王占元、張懷芝、雷震春、田中玉、孟恩遠、陸建章、曹錕、段芝貴等，當時都屬副將，而徐世昌當時亦在幕中，贊襄營務，後來的「北洋軍閥」，大抵孕育於此時。

一八九九年（光緒二十四年）光緒帝銳意變法，新黨譚嗣同建議利用袁世凱，奪舊黨直隸總督榮祿兵柄，袁世凱卻告知榮祿，榮祿遂據以上呈，謂新黨不利慈禧太后，太后大怒，引致戊戌政變，袁世凱以告密有功，升任山東巡撫。綜觀袁世凱在清朝時，其所以風雲際會官運亨通者，始則由於吳長慶之提攜，繼則由於李鴻章之識拔，及翁同龢、李鴻藻之庇護，最後則得力於榮祿之汲引。

一九〇〇年庚子之亂，袁世凱加入東南自保。一九〇一年袁世凱於李鴻章死後接掌直隸總督。翌年，實授直隸總督兼北洋大臣，一時成為清廷唯一之幾輔重臣。朝有大政，每由軍機處詢諸於他，以資取決。其聲勢之喧赫，事權之繁重，實駕各省督都之上，也因權勢過重，又手握重兵，引起清廷皇族親貴不安，光緒三十四年（一九〇八年）被迫以足疾開缺返回河南。

宣統三年（一九一一）武昌起義後，獲清廷重新起用，九月任內閣總理大臣，袁世凱組閣後，暗示前方將領段祺瑞等通電主張共和。一九一二年孫中山就任臨時政府大總統，袁世凱頗感不悅。一月十五日孫中山與袁世凱協議，若清帝退位，即推其為臨時大總統。因此，袁對清廷軟硬兼施，造成溥儀下詔退位。二月十五日，南京參議院選袁為臨時大總統，並促其南下就職。袁世凱卻藉故北京兵變，三月十日於北京繼任臨時大總統。

一九一三年國會選舉，宋教仁為實現政黨政治，聯合諸黨同組國民黨，選孫中山為理事長，由宋代理，準備以國會優勢對抗袁世凱。三月二十日宋教仁遭暗殺；七月十二日，爆發二次革命，討袁軍興，但不久孫中山與黃興分別敗走日本、南洋。二次革命後，袁世凱先利用軍警脅迫國會，選舉其為正式總統；當選後，又解散國會，廢止民元「臨時約法」，另訂「約法」，規定總統總攬治灌，並改任期為十年，且得連任。總之，袁世凱不但是獨裁元首，且是終身總統。一九一四年第一次世界大戰爆發，日軍攻占青島，奪取德國在華利益，更乘機提出二十一條要求，袁世凱為得到日本的外交支持，於一九一五年五月九日接受其中第一號至第四號。稍後楊度等人發起「籌安會」，鼓吹君主立憲，十二月十二日袁世凱正式接受，並將改一九一六年為「洪憲元年」，於該年元旦行登極大典。袁世凱謀帝制自為，引起舉國反彈，蔡鍔乃於一九一五年十二月二十五日在雲南起兵反袁。袁世凱因軍事失利，加以眾叛親離，先將登極之期押後，復於一九一六年三月二十二日，下令撤銷帝制，仍欲自居總統。但各省先後獨立，袁世凱羞憤成疾，於六月六日尿毒併發逝世，享年五十八歲。

有關袁世凱的傳記，坊間已出版不少，《袁世凱的開場與收場》所蒐集者乃有關袁世凱從小站練兵到後來當總統到稱帝之間的種種過程，包括他與段祺瑞有其不可分之密切關係，至於袁段之間有無磨擦？有無裂痕？段氏如何事袁？袁又如何待段？其中種種隱秘，實非局外人所可得而知。其中薛觀瀾為晚清名臣薛福成之文孫，又為袁世凱之東床快婿，與段氏又為姻婭，故對當年政海內幕，知之獨詳，凡所記述者，無一而非彼時所身親目擊之珍貴事實。

孫中山為履行其諾言，向臨時參議院提出辭職，推薦袁世凱繼任臨時大總統，而以就職南京為條件，蔡元培、宋教仁等人甚至奉命北上迎袁，但袁世凱這個老狐狸仍然有其藉口，而在北京就職。〈中山先生讓總統・袁世凱不肯南來〉、〈袁世凱不敢南來就總統職憶述〉兩篇文章有詳細的探討。

一九一五年十二月二十五日蔡鍔、唐繼堯等人聯名通電全國，宣布雲南獨立，舉行護國運動，西南爆發反袁運動。名報人黃天石少時參與雲南戎幕，歷掌簿書，曾代表唐繼堯報聘湘粵。值雲南起義五十七周年紀念，特撰〈雲南起義的史實解剖〉一文，公正平允，堪稱傳世之作。

另外林熙為香港著名掌故大家高伯雨，他從從香港大學圖書館中找到美國薩培醫生（Dr. William Sharpe）的自傳，其中第八章有〈為中國一個貴族動手術〉（Operation on Chinese Royalty）一文，高伯雨因此譯寫了〈袁克定治病記〉，袁世凱怎樣請到這個大夫，他怎樣到洹上養壽園為「太子」袁克定腦部開刀治療腿疾，可說是第一手資料。

袁世凱的次子袁克文（寒雲），自幼聰慧異常，六歲學識字，七歲讀經史，十歲習文章。「讀書博聞強記，十五歲作賦填詞，已經斐然可觀。」其詩文在當時被譽為「高超清曠，古豔不群」。除此之外，他很早就表現出與眾不同的藝術天賦，在一九〇六至一九〇八年間隨父居津沽時，便從老一輩羅癭公、吳保初、方地山等名士交遊，與古器物、書畫詞翰結下不了緣。他為人風流曠達，被稱為「四公子」之一。更被少數史家比作「近代曹子建」。〈自命為「風月盟主」的袁寒雲〉一文有詳盡的敘述。

《袁世凱的開場與收場》蒐集許多當事者的親歷親聞之作，對於「擁袁」與「倒袁」的種種細節經過，多有不同已往的看法，此正可補正史之缺，為研究者提供不同的解讀。

北洋軍閥的倏興與倏滅

——《北洋軍閥——雄霸一方》、《北洋軍閥——潰敗滅亡》編輯前言

談到「北洋」這名詞，它和「南洋」是相對稱的。在清朝同治五年（一八六六），加兩江總督（轄今江蘇、安徽、江西，駐節南京）以五口通商事務，授為南洋通商大臣；而在同治九年（一八七〇），又加直隸總督（轄今河北，兼巡撫，駐天津，冬季封河，移駐保定）以三口通商事務，授為北洋通商大臣。這是「北洋」和「南洋」名稱的開始。

一八九五年十月袁世凱奉命於小站練兵，所用將校人員，一部分為淮軍宿將，一部分是天津武備學堂畢業生。除首領袁世凱外，當年的小站舊人幾乎囊括了後來北洋軍閥中的所有重要人物，如「北洋三傑」：王士珍、段祺瑞、馮國璋；後來擔任各省督軍或巡閱使的「李純、曹錕、吳佩孚、王占元、陳光遠、段芝貴、倪嗣沖、陸建章、張懷芝、張敬堯、田中玉、盧永祥、齊燮元、孫傳芳」等等。就連鬧復辟的張勳，也曾一度投身小站，而小兵出身的馮玉祥、還有孫岳等革命黨，當年也都是袁世凱部隊出身的。除了一干武人之外，袁世凱還在日後的升遷中籠絡了一批文臣，如徐世昌、朱家寶、周自齊、梁士詒、曹汝霖、陸宗輿、王揖唐等，這

些人也隨著北洋系的勢力消長而浮沉，並在清末民初的政治舞臺上顯赫一時。民初以來的「北洋軍閥」，大抵孕育於此時。

後來袁世凱繼李鴻章之後做過直隸總督，並兼北洋大臣，而他自己又有一支當時最有力量的軍隊，因此他的這支軍隊就被稱為北洋軍。北洋時代是中國近代史上的一個重要階段，也就是指一九一二年到一九二八年之間。袁世凱在世時，北洋派是完整的，也可以說就是袁世凱派，袁死後，則各自稱雄，誰也不肯服誰，於是形成了分裂，皖系、直系之名才告出現。直皖戰後，奉系又露頭角，直、奉戰後，國民軍系脫穎而出，加上所謂魯系、新直系、辮子軍等等，真是「你方唱罷我登場」，像走馬燈一樣，一幕接一幕。

皖系以段祺瑞為領袖，徐樹錚、曾毓雋為謀主；直系比皖系複雜，因為它分為前後兩個階段：前一階段的直系是由馮國璋為領袖，曹錕、李純、王占元、陳光遠為著名巨頭。等到馮國璋交卸代總統職務後，他的直系領袖身份也告結束，從此直系的正戲開場，主角是曹錕和吳佩孚。而直系衰落後，還有所謂的新直系，指的是孫傳芳。奉系自始至終都以張作霖為領袖。國民軍系又稱西北軍系，也就是馮玉祥系。至於魯系（又稱直魯軍系）的成立，則是北洋軍閥的尾聲，是指直隸督辦李景林和山東督辦張宗昌的聯合軍隊；可是國民軍系被擊敗後，這支直魯聯軍，則以張宗昌為主體。

北洋時代軍人干政，軍人竊國，禍國殃民。《北洋軍閥——雄霸一方》蒐集許多北洋舊人如薛觀瀾、薛大可、李北濤等人的直接觀察，有許多不為人知的秘辛。另外江平的〈馮玉祥殺害徐樹錚的原因和經過〉一文，為徐樹錚遇害事件抽絲剝繭，逼近真相。金典戎的〈我與馮玉祥的一段淵源〉，則對馮玉祥在泰山時期又有貼身的觀察。朱家橋的〈曹錕賄選醜聞〉一文，則對於曹錕賄選總統的經過有極其詳細的描述，引用當時的電文、當時北京的報紙報導，是不可多得的史料。歷史的真相常在細節中，由於有這些細節，我們才能更看清一些真相。

北洋軍閥十七年中，表裏萬端，變化百出。馮玉祥以倒戈將軍出名，開始他以一個混成旅長駐防湖北，通電反對段祺瑞；這是第一次倒段祺瑞之戈。一九一五年他駐防成都，反對陳宧將軍，這是第二次倒四川將軍之戈。一九二四年二次直奉戰，他受張作霖收買，回師北京，囚禁總統曹錕於延慶樓，以致直軍大敗；這是第三次倒曹、吳之戈。一九二五年他密令駐廊房旅長張之江，劫殺段祺瑞親信徐樹錚，並在北京威脅段執政下野；這是第四次又倒段祺瑞之戈。至於與閻錫山合作，搞起中原大戰，這算是第五次倒國民政府蔣主席之戈。不過他萬萬沒料到自己會死於黑海的輪船之中，所以機變多者，終死於機變。

而大抵吳配孚之成功，皆能於險中求勝。是以哀兵憤兵，一鼓作氣而得之。幸其所遇之敵，初為皖系之驕兵，而此次又為奉張之惰兵。但他於勝果，未能多加計慮而善為運用，是以徒能耀彩於一時，而不克收成於久遠。他於二次奉直戰爭喪敗之餘，力持不入租界之矢言。初則遵海而南，繼則溯江西上，猶復徘徊鄭洛，棲遲雞公山，小住黃岡，託庇岳陽，以迨漢口查家墩之復出；其輾轉奔投之經過，與堅毅硬幹之精神，實非歷來下野人物所能望其項背！

北洋政局，前後十七年間，自總統、國會、內閣、以至大軍閥之起伏，小軍閥之升沉；如戲劇之一幕一幕，如奕棋之一局一局；或由於派系戰爭之勝負，或由於依附勢力之消長，倏興倏滅，遂演成這一期間動亂之歷史。《北洋軍閥——潰敗滅亡》一書正見證這段歷史。

九死癡情原無悔

——吳宓與毛彥文的回憶錄《往事》

五四新文化運動是中國現代的啟蒙運動，它以摧枯拉朽之勢，迅速地摧毀了傳統的思想文化及價值體系，直到一九二二年《學衡》雜誌的出版，幾乎沒有出現真正的反對派。《學衡》是東南大學出版的一份同人雜誌，由吳宓主編。它具有鮮明的反新文化運動和文學革命的傾向，由此而形成了所謂的「學衡派」。而其時新文化陣營雖有分化，但長期以來已「紮住了硬寨」。做為反對勢力的「學衡派」似乎產生不了多大的力量，因此很自然的《學衡》對新文化運動的批評（如梅光迪發表了〈評提倡新文化者〉、吳宓有〈論新文化運動〉一文），並未獲得認真的討論；又譬如《學衡》對中國文化特質的認識，對中西文化交匯和文化道德理想的關注，亦未引起注意，甚至被冷落了。胡適在一九二二年說：「《學衡》的議論，大概是反對文學革命的尾聲了。我可以大膽說，文學革命已過了討論時期，反對黨已破產了。」而後來的文學史書，大都沿襲了這種「成王敗寇」的論調，基本上對《學衡》持否定的評價。

然而「學衡派」不同於更早的「國粹派」，「國粹派」是在與世界文化隔膜的狀態下，出於狹隘的「中國文化中心論」而要延續舊制；「學衡派」則是基於新的世界文化態勢，重新反視中國傳統文化對於人類文明有益的精神價值。「學衡派」以新人文主義為理論武器，重新審視中國傳統文化與西方古代文化在人文精神方面的內在溝通，挖掘中國傳統文化中解救當時世界性精神危機的良藥。他們的「昌明國粹」是與「融化新知」聯繫在一起的。而反對者論「學衡派」只強調了它「昌明國粹」的一面，卻忽略了它「融化新知」的一面。在泛功利主義的時代氛圍中，他們的積極面被隱而不彰，他們無力扭轉乾坤，只能「徬徨岐路。預思來日。憂思誰知。彌覺孤淒也已」。吳宓的這種悲嘆正顯示了「學衡派」在困守掙扎之中，嚴重失落的心靈顫動。

吳宓字雨僧，一八九四年八月二十日生於陝西涇陽縣安吳堡。生下半年，母親過世，三歲時過繼給叔父。十三歲起就讀於三原宏道學堂。一九一一年春，考入清華學堂，一九一六年畢業。一九一七年赴美國留學深造，先入維吉尼亞州立大學二年級習文學，翌年轉入哈佛大學比較文學系，師從文學批評家白璧德（Irving Babbitt）。三年後從該校本科及研究院先後畢業，獲文學碩士。旋即應已先期返國的梅光迪之約，返國任教於南京東南大學英語系，講授「英國文學史」等課程。一九二二年參與創辦《學衡》雜誌，任總編輯。並於該刊先後發表〈文學研究法〉、〈論新文化運動〉、〈詩學總論〉、〈英詩淺釋〉、〈我之人生觀〉等論文，譯介白璧德等人論人文主義思想資料。

而據《吳宓日記》及《吳宓自編年譜》觀之，其父母對吳宓之婚事，仍守舊規，主張早婚。吳宓說：「十年以來，來為余議親者，不下二三十起。」但吳宓則主晚婚，等美國留學回來再議。然而就在他就讀清華學堂期間，繼母雷孺人決定以陳貞文五表妹為宓之婦。吳宓告之清華校章，學生在校及留學美國期中，不許訂婚、結婚。雷孺人則表示：「此無妨。五妹年僅十七歲。今當接五妹由蘭州來上海，住我家中，入學、讀書。俟汝（宓）留美滿五年，一九二一年回國，彼時結婚，亦不為遲也。」而吳宓早就喜歡五妹，於是答應了。但後來因祖母不喜雷孺人而反對此事，父親又以孝心而順之，於是這件婚事終沒有得成。吳宓後來曾感慨道：「倘使五表妹之婚姻得成，則宓後來必無（一）與陳心一之結婚（二）以『為人填債』而愛毛彥文之兩大錯誤與痛苦。也矣！」

而「為人填債」乃吳宓詩中「身心作土填冤債」，蓋指朱斌魁實負毛彥文，而吳宓代朱君償其對毛女士之債耳！這要細說從頭，那是吳宓在清華學堂讀書時的同學好友朱斌魁（君毅），有天朱斌魁告訴吳宓，他和姑表妹毛彥文的事情：毛彥文當年十九歲，肄業於杭州浙江省立女子師範學校。毛彥文的父親寵愛小老婆，而不喜歡她的母親，曾為求免還財主方耀堂三千圓之債，竟於酒醉終將毛彥文許配給方之子國棟。而方國棟乃為一紈袴子弟，不喜讀書。於是毛彥文暑假、年假都留在杭州，以避婚嫁。但是今年暑假，父親來到杭州，說是母親病重，要接毛彥文回江山縣鄉間。回到家中，但見賓客盈門，家中正準備兩天後為她辦喜事。於是毛彥文的母親與朱斌魁的父親和弟弟密商逃婚的計畫，那是在當天宴賓客之際，毛彥文成人不備之際，由家中後門逃出，換了鄉間農婦的服裝，坐上由朱家早已預先準備好的小轎，抄田間小路，到江山縣城住到朱斌魁家。方耀堂知不能勉強，願解除婚約，但仍索取舊債三千圓。毛彥文的父親對女兒的不從命，相當生氣，他告訴毛彥文說：「你為爭取婚姻自由，因此三千圓之債，必須代我償還。另外不能嫁給表哥朱斌魁，免得鄰里認為你是先喜歡上表哥才拒絕方氏的。」朱斌魁為替毛彥文解決三千圓之難題，於是在清華同學及北京各校之浙江省同鄉中募款，而吳宓感其故事，特徵得父親之同意，捐出五十圓（為募款中捐出最多者），結果共募得一千二三百圓，交給毛父，毛父自添其大半，湊足三千圓之數，償還方耀堂之債。至於毛彥文與朱斌魁的婚事，則一直等到朱斌魁畢業赴美前，即一九一六年七月，才正式訂婚。

而吳宓和陳心一的婚事是起因於一九一八年的冬天，當時在哈佛大學的吳宓，接到清華學弟同期赴美的陳烈勳來函說：其姐「陳壹，字心一，畢業於杭州浙省女師校完全科，現任定海縣小學教員，今年二十四歲，擇婿甚苛。姐在家曾聞談說吾兄，又閱讀《益智雜誌》、《清華周刊》中兄之詩文著作，且觀《清華年刊》中兄之照像，對兄深為仰慕，願終身奉侍吾兄，故敢敬謹介紹為婚，望祈俯允。」為此吳宓在次年春即請朱斌魁函請同在浙省女師校同學數年的毛彥文，代為調查陳心一的情形。得到的結果是「陳女士容貌平正，面尚白，舉止大方，似頗誠厚。總之陳女士在舊家庭中，作一賢慧之兒媳婦，承順翁姑，則有餘。在新家庭中，作一有才能之主婦，兼辦內外事務，獨當一面，則不足。吳先生最好答以『我之婚事，俟回國後方能決定』。有多位知友，屆時當為介紹，供吳先生比較選擇。仍祈吳先生自決。」而到暑假，陳烈勳又來波城及康橋區住多日，再三勸促。他對吳宓說：「自去冬至今，又有來求姊為婚者多起，家中父母悉謝卻之。」這直教生性過於仁厚的吳宓覺得需承擔全部之責任，於是他並沒有聽從毛彥文的調查報告，在十一月下旬，他函覆陳烈勳，答應這件婚事。陳烈勳立即來函表示感謝，並言：君子一言為定，至於訂婚之儀式等，他年併入結婚儀式中辦理可也。

一九二一年吳宓返國，回到家就寫信給在杭州的岳父陳芍卿先生，約好去拜謁的日期。於是八月十日吳宓到陳宅拜見岳父母，及心一的姑母。之後姑母引心一出見，並無多交談，約十五分鐘後，門口忽報「毛彥文來了！」時毛彥文已走入，神采飛揚，態度活潑。她先對庭中眾人說：「我從江山縣家中來，要到北京上學。心想吳先生正回國，不知已到否？故來此處探問一下。誰想到這樣巧？」心一的姑母亦留毛彥文午飯，毛彥文一直盤桓到下午四時才離開，她不時地和吳宓談話，或問朱斌魁在美國的情形，也問到吳宓的情況，有時則談到她自己，似乎有說不完的話。而同年八月二十三日，吳宓與陳心一在上海當時有名的西餐館——一品香旅社結婚。

而就在他們結婚後的當年冬天，陳心一的弟弟陳烈勳在美國得精神病，次年秋天被送回國，居於杭州家中。十月中旬有天，陳心一對吳宓說：兩三年前陳烈勳訂婚於程氏，乃是她一手促成，今因病其如此，要解除婚約，亦須由她回杭辦理。但吳宓以為此事可請介紹人等出面處理，根本不用她去處理，況且當時陳心一才生女兩個月，又有吳宓的友人顧泰來在家中寄宿，豈可拋此不管呢？兩人為此爭吵，陳心一執意甚堅，終於在當晚搭夜車返回杭州，經二十餘天才回。據當時在場之顧泰來表示，當時「我眼見一家庭之分裂矣！」

而在一九二三年四月間，訂婚七年的朱斌魁與毛彥文卻傳出要分手的事。他們兩人在朱斌魁赴美留學前訂婚，後來毛彥文在湖郡女塾讀英文三年，又在北京女高師肄業三年，六年間學費全由朱斌魁提供，六年間兩人通信不絕。一九二二年九月朱斌魁獲博士學位返國，他曾寫信給毛彥文到碼頭迎候。然而毛彥文性好交際，朋友多，不分輕重，臨時為一友邀往茶館飲茶，耽誤些時間，致使朱斌魁不見毛彥文來迎接大感失望，直至登岸良久，始見毛彥文。後來朱斌魁任南京東南大學教育系教授，他要毛彥文從還有兩年就可畢業之北京女高師，轉學到南京金陵女子大學繼續就讀，毛彥文為了能和朱斌魁在一起，即使因轉學而需多念一年，亦欣然接受。而當時朱斌魁又兼任註冊部主任，他曾告訴吳宓說：「吳此職雖微，然在辦公室中，每日必有數十乃至百人來見，並有所請求。其事均由吾決定准行與否。吾所決定者，即是彼等得、失、苦、樂之所由判分。則吾之權力為不小矣！」吳宓此時深感朱斌魁有種淺薄之虛榮心，已不同於往昔之朱斌魁了。而那年冬天，朱斌魁因積勞成疾，病了兩個月之久，住進鼓樓醫院。毛彥文則每日前來探視，有時向學校請假，整日守護在朱斌魁的身旁。又在吳宓家為朱斌魁熬藥，並特別煮些飯粥、肴蔬、羹湯，送到醫院給朱斌魁，晚上則住在吳宓家，可謂費心照料。一九二三年四月間，也就是朱斌魁返國半年後，有天吳宓突然接到毛彥文的手書，要吳宓到成賢學舍一談。吳宓到時，室中尚有朱經農等人，但見朱斌魁沈默不語，而毛彥文則甚為激動。朱斌魁表示他要與毛彥文解除婚約，並不是毛有任何缺點，或任何過失。只是他的思想改變，今昔不同。第一，他現在才知道姑表兄妹結婚，於子女不好。第二，他現在所喜歡的女子，只要她身體肥壯，尤其臀部大而圓，其他如家世、財產、教育、才能，以及品貌，均所不計。而對一般有學識、有文化，在大學畢業或肄業之女生，尤絕對不取。雖經吳宓諸人的勸說，但朱斌魁終不為所動。

而據毛彥文在回憶錄《往事》一書中表示，事後她得知朱斌魁當時是愛上匯文女子中校的某一女生，那女生十七、八歲，是南通人。而當時朱斌魁向她退婚的消息被匯文校長知道後，那女生就被學校給開除了。而毛彥文又表示朱斌魁的同學兼同事孟憲承在出事的第三天，曾對她說：「妳記不記得君毅留美最後兩年，在紐約給妳的信很少？他是否告訴妳他的錢不夠用？其實清華的官費是夠他花的了，他於兩年前變了，他衣袋中有好多年輕女人的照片，常常拿出來給我們看，不是說這個胖的好，就是那個瘦的好。他曾經跟我們討論過，想不顧一切跟妳結婚，婚後徐圖納妾。去年他的一場病，妳拼了命看護他，他良心發現，感到不可那樣做，還是解除婚約，讓妳仍舊有幸福的前途。所以妳對君毅的退婚，應該高興，無須傷心，縱令妳和他結婚，也不會幸福的，與其以後鬧離婚，不如現在解約的好。我覺得妳太善良，所以把實情告訴妳。」

於是一九二四年的夏天，中華教育改進社在南京舉行年會，毛彥文為招代之一。熊希齡的繼配朱其慧女士亦出席該會。毛彥文當年在浙江湖郡女校求學時，就與朱夫人的姪女朱曦同學，而在北京女高師時，又因朱曦而得識其堂妹朱畹、胞妹朱嶷，她們三人因同為女高師，同室共寢，結成莫逆。因此毛彥文常於週末隨朱畹去石駙馬大街的熊府，熊希齡和朱其慧對毛彥文都很親切，關懷照顧備至。因此當朱夫人得知毛彥文的婚變時，她大抱不平，自告奮勇地主持正義。於是在某一星期日下午，由朱夫人邀集一些教育界名流，有張伯苓、陳衡哲、王伯秋、吳宓、陳鶴琴、朱經農等，而金陵女大的校長、教務長及留校的同學也參加，朱斌魁則偕程其保同來，大家推張伯苓為主席。張君說了一大堆他和他夫人的事，其意仍在調解，而陳衡哲則對朱斌魁大加責備，要其說出退婚理由，朱斌魁仍以姑表兄妹為由，舉室為之嘩然。後來毛彥文說：「請各位不要責備朱先生太多，今天的會是討論如何解除婚約，不是向朱先生興問罪之師。」陳衡哲聞言生氣地說：「我們大家退席，到現在毛小姐還維護朱先生。」說完她起立要走，經朱經農等勸阻後才留下。至此推王伯秋起草解除婚約的條文，經誦讀後無異議，由當事人及證人簽名蓋章後成立。據《吳宓自編年譜》中云，雙方議定如下：「（一）朱斌魁付給毛彥文『賠償損失費』四千八百圓整（或四千六百圓整）。其交付辦法：自一九二四年七月份起，毅每月以銀一百圓，面交或匯交宓。宓轉交給彥後，須取得彥簽名蓋章之收據，將收據寄交毅彙存。至一九二八年六月（或四月），全數付清。然後另締結婚姻。（二）在京、滬各大報，如上海《申報》、《新聞報》，刊登〈朱斌魁、毛彥文協議解除婚約聲明〉。大旨『以雙方性情不合，興趣不同，今願解除婚約。俱出自動。特此敬告親友』云云。可由宓等二三位友人起草，經毅、彥簽字認可後，宓負責送交報館登出。（三）今後毅、彥各不得對公私任何方面、任何人，有詆毀、責評對方之語言文字。」兩人總算解除婚約了。

毛彥文從此終其一生，再沒有和朱君毅見面，甚至通音訊，直到一九六三年底她得知朱君毅半年前在上海逝世，遠在臺北的毛彥文寫下〈悼君毅〉一文，回首前塵，她述及四十年前的婚變，對她的影響，她說：「你給我的教訓太慘痛了，從此我失去對男人的信心，更否決了愛情的存在。……以你我從小相愛，又在一個環境長大，你尚見異思遷，中途變心，偶然認識的人，何能可靠。」

一九二五年吳宓到北京，任清華大學國學研究院主任，聘請王國維、梁啟超、陳寅恪、趙元任四位大師擔任導師，培養兼通中西文化的文史專門人才。而一九二六年起，任清華大學外國語言文學系教授，制訂了培養西方文學和語言的「博雅之士」人才的方案。一九二八年八月吳宓曾作江南之遊，並寫下〈南遊雜詩〉九十六首。一九二九年二月，吳宓再度作江南之旅，躑躅西湖之濱，又寫了二十首〈續南遊雜詩〉。其中「君傷遇合牽情苦，我為文章惹恨多。細話平生雙對酌，人天短夢強婆娑。」「未信有情皆是累，但能無病便為仙，半年勞榎匆匆過，重向湖濱問夙緣。」都是描寫他和毛彥文的交往和真情的流露。再翻看一九二八年八月十一日的《吳宓日記》，就記載他到杭州，毛彥文來站迎候，而同至其宅，然後同遊西湖的情景。而同年十月十四日之日記，更表明他愛毛彥文之心意：「至宓何以傾心於彥如此之甚，不外兩層。（一）彥極聰明而又多情。（二）彥之身世極苦，其於人情世事已觀之透澈，然內心中仍藏有熱情至意，此種相反之情形最難兼之於一身。故宓視彥為極難遇而可愛之人。簡言之，憐其才而憫其遇而已。」

一九二九年七月上旬，吳宓再作第四次南遊。這一回他是專程南下去跟毛彥文道別的。因為毛彥文已獲准進入美國密西根大學深造，八月間就要啟程赴美了。吳宓得到消息便兼程趕到杭州，數日盤桓，離愁別緒，使吳宓傷心欲絕，欲哭無淚。他在歸途中，寫了至為頹廢消沈，甚至於明言他將要「拼將一死消愁盡」的感懷二首：「世上原無難處事，人生確有斷腸時，讀書學道曾何益，黃口白頭一樣癡。拼將一死消愁盡，未許餘生有夢期，宿孽懺除留正果，從今不作寫情詩。」而據他一年後所寫的一闋〈生查子〉，我們得知他這次和毛彥文聚首時，曾經有過不愉快的場面。「此日去年時，眉樣蓬山認。閉戶啜佳羹，逐客聞嚴令。一載著悲歡，瀛海來芳訊。誰道別離多，轉使心情近。」詞中寫道他們兩人正閉戶啜佳羹，驟然有人前來嚴令逐客。有此一幕，吳宓方始倉卒北返，沒能等到上海的送別。而以毛彥文早與朱君毅解除婚約，不相往來而推之，下逐客令者鷹式毛彥文的父母尊長。學者沈衛威以為或許正由於毛彥文的尊長盛責毛不該與有婦之夫往還，受了這一次重大的刺激，吳宓方才痛下決心離婚的。

而其實吳宓與陳心一的婚姻早就不協調，在一九二八年九月十六日的日記中，有段話：「宓之允心一婚事，初無愛戀之意，只以不忍拂其請，寧犧牲一己而與為婚，譬猶慈善事業。及後來早有悔心，而又硜硜守信，寧我吃虧，不肯負人。專重道德之義務，不計身心之快樂，愈陷愈深，馴至不可脫卸，追悔無及。近頃復又感懷此事，日夕怫鬱懊喪不釋。心一嫁我固幸，不嫁我亦可得所。既如此，何必犧牲我之一生。此真所謂自作孽不可活也。平心而論，心一固眾人所稱為賢妻良母者，惟其人性格倔強，情感薄弱，故難與宓融洽，雖欲教而進之，俯而就之，終屬無益。嗚呼痛哉！」可見一斑。而此後吳宓曾考慮過離婚的種種情況，並請教諸好友的意見，甚至毛彥文亦得知此心意。此可見一九二八年年底以後之日記。

一九二九年九月十二日，吳宓與陳心一訂定離婚條件（一）吳宓給陳壹（心一）生活費五千元。目前先付二千元。餘數至遲於三年內付清。未付之款，應按年利一分付息。（二）三孩中，無論幾人，如歸陳壹撫養，應由吳宓按年給費如下表：未入學者，每人每年一百二十元。在小學者，二百四十元。在中學者，三百六十元。在大學者，四百八十元。（三）目前心一居北平撫養三孩。在此期間（至多一年）暫由吳宓增給陳壹津貼每月三十元。附言　議定後，先登《大公報》七天。彼此信件退還　仍存友誼。九月十五日《大公報》第二版左上角刊登〈吳宓、陳壹離婚聲明〉謂「我等性情不合，興趣不同，現以雙方同意，正式離婚。謹此通告親友。」兩人正式離婚了。結束了八年的婚姻生活，吳宓百感交集，寫了一首〈九月十五日感事作〉云：「早識沉冥難入俗，終傷乖僻未宜家。分飛已折鴛鴦翼，引謗還同薏苡車。破鏡成鱗留碎影，澄懷如玉印微瑕。廿年慚愧說真愛，孤夢深悲未有涯。」表達了他自身的感受。而不久他又寫了調寄〈水龍吟〉：「海西何處仙鄉，夢魂夜夜頻來去。憂勞萬種，辛勤半世，寂寥誰語。作計安排，存仁依禮，寸心無負，縱路人譏彈，友朋交謫，還期望，君能喻。七夕雙星待聚，泛歸搓佳期休誤，堪傷往事，情天多缺，知音難遇。夕照低沉，滄波浩渺，彩雲飛逝，早鴛屏繡閣，薰香畫黛，領濃歡趣。」在詞中，吳宓寫出了他離婚後的處境，他表示，他之所以要和陳心一離婚，乃是因為他飽經憂勞，辛辛苦苦了半輩子，「寂寥」時無人可與相語，使他不得不為自己打算，「作計安排」。同時他更強調對陳心一是：「存仁依禮，寸心無負。」

的，因此縱使路人對他譏評，朋友給予指責，他都問心無愧的。而他所求的是伊人毛彥文對他的瞭解。

一九三〇年九月，吳宓想藉歐遊之便，把毛彥文從美國接回來，共結連理，達成多年的心願。他每天和毛彥文隔洋用電報談情，據說英倫的電訊局經理對吳宓的癡情，大為感動，特別給予減價優待。結果由於吳宓書呆子習氣太重，在電報中堅決爭取家庭之中誰該支配（Dominate）一字，使毛彥文知道他頑固的個性，只能做朋友，並不能做丈夫。他數年來的追求，毀於一旦。為此吳宓還寫了一首詩自嘲：「吳宓苦愛毛彥文，三洲人士共驚聞。離婚不畏聖賢譏，金錢名譽何足云。作詩三度曾南遊，繞地一轉到歐洲。終古相思不相見，釣得金鰲又脫鉤。賠了夫人又折兵，歸來悲憤欲戕生。美人依舊笑洋洋，新粧艷服金陵城。奉勸世人莫戀愛，此事無利有百害。寸衷擾攘洗濁塵，諸天空漠逃色界。」歐洲回國之後，吳宓宿緣未了，情何以堪，雖曾說過：「從今誓要忘伊了」的話，但卻仍然情不自禁，再度六次南遊，寫了〈六南遊雜詩〉有「本為緣多惜此生，悲涼勞倦莫能名，如何又結新緣去，五載江南六度行」「境從悟後方增戀，夢欲醒時且暫歡。孤注一投吾事了，歸來靜止依枯禪。」八月間吳宓再次南遊，曾經在上海元昌里見到毛彥文，然而據吳宓元昌里即事〈蝶戀花〉所記：「君障面紗吾拂袖，畫地為溝去去休」，兩人之間彷彿小孩子吵架一般，畫地為溝，連聲去去。但第二天吳宓赴上海北站，準備北返時，毛彥文又臨去秋波，趕到北站去送行，使得吳宓恨也不是，愛也不是，於是他又寫道：「已別又何來送我，默默無言，此意心可知。強止終分輪轉火，填胸萬感針氈坐。舊夢迴還連瑣瑣，疑信難參，恩怨難平頗。人事由天安置妥，輕塵飛絮隨顛簸。」

一九三三年吳宓更藉「木馬屠城記」，亦即托洛伊城之海倫故事，一語雙關（吳宓常稱毛彥文為海倫），古意今情，寫了一篇平生力作長歌〈海倫曲〉。這也就是後人所謂的：「吳宓述哀百首，打不動玉人芳心」之作。而在該年遽然中輟的吳宓戀曲似乎又有了進展，毛彥文終於表示了態度，她願意與吳宓保持兄妹般的感情，這使得一往情深的詩人，還奢望著今生便以兄妹終局，但願來世再結鴛盟吧。雖是如此，但吳宓終難太上忘情，他仍然在苦苦追求，這從他的詩作中可見一斑。而毛彥文則固守最後防線，一進一退，步步為營。

一九三五年二月初，吳宓正在勉定心神，埋首撰寫他的平生重要作品之一——《空軒詩話》時，突接毛彥文的來函，信上簡簡單單的問他：能否即日赴滬一行？而此時吳宓正被書局催稿催得氣都喘不過來，於是他拍電致覆，請她稍候數日，等他把稿子趕好如期交了，他自會立即啟程，欣欣然地到上海和伊人會面。詎料，二月九日平津京滬各地大小報，全以巨大篇幅，登出一條驚人的花邊新聞，六十六歲的熊希齡和三十三歲（案：實為三十八歲）的毛彥文在上海舉行結婚典禮。（熊希齡，一八六七年生，湖南省鳳凰縣人，民國初年曾任國務總理、財政總長，後來絕意仕途，一心致力於教育及慈善事業。）此事對吳宓而言打擊是相當大，於是他作了懺情詩三十八首，那是他嘔心瀝血之作，亦可謂傑作中的傑作。其中有「事成無補方知悔，情到懺時恨最深」的詩句。

面對吳宓的苦苦追求，而毛彥文卻突然與熊希齡結婚，不知內情者都責毛彥文寡情，半世紀以來，毛彥文可說是備受毒罵與誤解。從毛彥文的回憶錄中，似乎可理出一些端倪來，首先她在〈悼君毅〉一文中說：「其實我自情竇初開，以迄於彼此決裂時，二十餘年來，全部精神與愛都為你一人所佔有，換言之，我二十餘年來只認識一個男人，我的青春是在你佔有期間消逝的！有了這個慘酷經驗，我對於婚事具有極大戒心，以致久延不決。」而對於吳宓，毛彥文有她自己的看法，她說：「吳腦中似有一幻想的女子，這個女子要像他一樣中英文俱佳，又要有很深的文學造詣，能與他唱和詩詞，還要善於辭令，能在他的朋友、同事間周旋，能在他們當中談古說今，這些都不是陳女士所專長，所以他們的婚姻終於破裂，這是雙方的不幸，可是吳應負全責，如果說他們是錯誤的結合，這個錯誤是吳一手造成的。」而不幸的是吳宓離婚後，將這種理想錯放在毛彥文身上，毛彥文認為「想係他往時看過太多海倫少時與朱君毅的信，以致發生憧憬。其實吳並不了解海倫，他們二人的性格完全不同。海倫平凡而有個性，對於中英文學一無根基，且嚐過失戀苦果，對於男人失去信心，縱令吳與海倫勉強結合，也許不會幸福，說不定再鬧仳離，海倫絕不能像陳女士那樣對吳百般順從，故自吳、陳離婚以來，海倫不斷的設法勸兩方復合，因海倫始終認為只有陳心一能容忍吳的任性取鬧，惜終未成功。」再加上「自海倫與朱解除婚約後，他想盡方法，避免與朱有關的事或人接觸，這是心理上一種無法解脫的情緒。吳為朱之摯友，如何能令海倫接受他的追求？尤其令海倫不能忍受的，是吳幾乎每次致海倫信中都要敘述自某年起，從朱處讀到她的信及漸萌幻想等，這不是更令海倫發生反感嗎？」

而學者沈衛威則認為吳宓生性浪漫、感情多變、見異思遷的文人氣質，理想化的「洛神」——毛彥文身影（幻影）的晃動，使他陷入思想與情感的迷亂之中。尤其是在得不到時，只好癡傻地犧牲自己的幸福生活，為伊人守候。反觀毛彥文的實際思想意識是傾向於胡適及新文化運動主潮的，是一位時代新女性。她思想情感與吳宓完全不是處於一個界域內，也根本沒有把吳宓當作一個愛情獵物。於是這種關係呈現出一個畸形的單戀狀態。於是沈衛威下了個結論是「吳宓與毛彥文的愛情關係不是一個『共同在場』的現代遊戲形態。吳宓始終是『出席』的『在場』，而毛彥文卻是作為一個『缺席』的存在的『在場』。他與毛的情感結構始終是虛設的。這便是吳宓的可悲之處。」不能不說是極有見地的看法。

沈衛威又指出，一九三三年當吳宓追求毛彥文而不得時，曾一度移情別戀於時代新女性盧葆華。而盧葆華如同毛彥文，根本瞧不上他這位離了婚，還養著一母三女的守舊的窮教授（且在新文學界聲名不好），致使吳宓在痛苦中表示自己要「皈依宗教，虔事上帝，不再追求人間浪漫之愛。」為此他在日記上寫下頗為感傷的話語：「宓婚事將成，而磁石引針，橫風斷纜，遂又新舊兩空，難行難止，使宓虛懸徘徊，增加痛苦。若我奮力前求，則急遂難成；若收心割愛，則牽纏未斷。欲助甲而甲不受助，願不負乙而又必負之，欲使自己不吃虧而又必吃虧，欲為我身謀福利而無福利。嗚呼，此誠理想家行事之必然結果，浪漫派求愛之天與懲罰，而亦吾愚妄之性行之一定軌轍也。」更可見吳宓的肺腑之言。

而至於毛彥文之所以嫁給年齡幾乎長她一倍的熊希齡，當時人們都不得其解。其實毛、熊之結緣可推至二十年前，毛彥文結識朱夫人的姪女朱曦始，而再五年後，毛彥文考上北京女高師，常去熊府走動，熊氏夫婦以姪女待之。一九二五年夏，毛彥文畢業於南京金陵女子大學，此時熊希齡創辦的香山慈幼院正需教員，熊希齡便囑朱畹寫信邀毛彥文前去教書。毛彥文因計畫出國留學，未允所請。一九三一年毛彥文獲密西根大學教育學碩士，學成歸國。在熊希齡的大女兒熊芷的陪同下，參觀北京香山慈幼院，予以毛彥文深刻的印象，這也是日後熊、毛結合的思想基礎。同年八月熊夫人朱其慧病逝，毛彥文聞訊非常悲痛。此時慈幼院正大肆改革擴充，需才孔急，熊希齡曾親自寫信邀毛彥文前來執教，然因毛彥文已接下上海復旦大學和國立暨南大學的聘書，又未允所請。一九三四年秋，已鰥居五年的熊希齡由京至滬，寄寓於朱曦家。朱曦因憫於對姑丈晚年生活之孤寂及事業無人繼承，而有撮合熊、毛之念頭，遂三番五次至復旦大學去遊說毛彥文。而熊之大女兒熊芷雖在懷孕期間，也兩次由京至滬，為其父助陣。

於是在一九三四年十一月、二月間，熊希齡向毛彥文發出了第一封求愛信：

彥文女士：

久未晤為念，頃有達於左右者，請先恕僕之唐突。

溯自與季兒同學時，嘗稱道君之賢淑，為彼第一知交。迨君與某之解除婚約，熊夫人屢屢代抱不平，謂君之溫和而多情，某某之薄倖而負心。種種印象深入於僕之腦筋，未嘗一日忘也。是後僕對於君之境遇，十年以來時時注意，而於危急亂離之世，尤恐君陷於危難之邦，想君尚能記憶也。繼而知君能與境遇奮鬥，以一女子而獨立生活，且犧牲己利以孝親愛妹。其性格之純厚，道德之高尚，尤為僕所敬愛矣，僕亦不自知以何因緣而注意至此也。

僕自熊夫人故後，加以「九一八」之變，國難家難同時並作，僕之觀念消極萬分。此一年來病魔纏繞，尤感覺扶持無助，僕欲得一看護照料病軀而已。乃季兒與香兒堅決反對僕之意見，竟以僕向所敬愛於君之故代向君徵求同意。前日夜報大略，使僕既驚且喜，不啻褐衣而拾珠玉，旱苗而得雨露也。僕以老大之身，經此家國之難，自覺生命將及垂萎。今忽得君之眷顧，振我精神，又不啻僕之新生命新紀元也。僕不僅為個人家庭幸福慶，且為所辦慈幼教育事業無量數之兒童幸福慶。昔宋史歐陽文忠公之父，年齡大於其母二十七歲。歐母賢聲，古今罕有，然只限於歐陽氏之家庭而已。今君助我發展教育，幼幼及人之幼，則更賴歐母之賢而進一步矣。僕以十三年社會事業之經驗，深覺現時代之需要，必得一真正文明家庭以為之倡，僕與君當負此重大使命矣。僕無他能，惟此誠摯之心必使君之精神快樂滿足。而立此模範家庭，以為我國無量數之兒童幸福基礎，不獨子其子也。倘蒙同意，請賜覆音，並候面教。

而這信發出後，年逾半百的熊希齡卻如同少男般初戀的心情，不知會被接受亦是拒絕，真乃坐立難安，於是素有「湖南神童」的熊希齡，又提筆填了一首〈臨江仙——春意柬彥文〉，詞曰：「樓外草青春欲到，東風靜待花開，陰晴不定總縈懷。含蕾猶未放，飛蝶又驚猜，可是愛花人已困。思量羯鼓安排，中宵起坐復徘徊。欲將愁遣去，兜的上心來。」過了一段時間，仍不見彥文回書，熊希齡輾轉反側，徹夜難眠，於是他起身提筆，又填了一首〈菩薩蠻〉：「沉沉消息眉峰蹙，燈前試向牙牌卜。起後復重眠，夢多魂未安。取書將欲讀，瞬又心他屬。輾轉似輪馳，思君無斷時。」後來，毛彥文似有所動，她終於給熊希齡回信！然仍稱老伯，不過在老伯二字加以括號，並附註：在關係未確定前仍舊稱。熊希齡得信，又驚又喜，題〈菩薩蠻〉二首：「搖紅影裡燈花笑，望穿倦眼佳音到。猶自舊稱名，開函驚一聲。括弧加解釋，一線生機賜。疑信未分明，終宵眠不成。」「從前悔被虛名誤，回頭忽又聞鸚鵡。似是向人呼，今吾非故吾。故教遲作答，答亦圓而滑。權當藥催眠，明朝期再談。」而幾個月來，各方面的懇切開導，加上熊希齡的執著追求，毛彥文終於應允熊的求婚。熊希齡在興奮之餘，寫了〈賀新郎——定情柬彥文〉一首：「世事嗟回首，覺年來飽經憂患，病容消瘦。我欲尋求新生命，惟有精神奮鬥。漸運轉，春回枯柳，樓外江山如此好，有針神細把鴛鴦繡，黃歇浦，共攜手。求凰樂譜新聲奏，敢誇云老萊北郭。隱耕箕帚，教育生涯同偕老。幼幼及人之幼，更不止家庭濃厚。五百嬰兒勤護念，為搖籃在在需慈母。天作合，得嘉偶。」

一九三五年二月九日，熊、毛締結良緣，白髮紅顏，一時傳為佳話。其中上海《申報》有如下報導：「三時正，來賓齊集禮堂（案：上海西藏路慕爾堂），即由該堂朱葆元牧師證婚。結婚進行曲悠揚起奏後，熊氏及毛女士，即由二少童，及男女儐相朱庭祺夫婦，引導緩步入堂，及講壇前而止，熊氏衣藍袍黑褂，頷下濯濯，望之如五十許人，恂恂然儒者風度；新娘衣妃色禮服及地，披白色婚紗甚長，為年雖已逾卅，然眉目間青春猶在，固一及笄之美麗少女也，謂為二十許人，或可相當。朱牧師即舉行耶教結婚儀式，鄭重迅速，未半小時，即告完成。婚禮進行中，新郎始終未示笑容，新娘亦頗矜持，惟當牧師讀主文至『熊希齡與毛彥文碩士……』時，新娘忽輾然微笑，豈念年窗下，萬里洋所造就者，至今已得有歸宿而喜歟。」

毛彥文之嫁與熊希齡，或有人不解，或謂年齡過於懸殊。然毛彥文卻自有一番說詞，她說她和朱君毅分手後近十年間，雖不乏有人追求，但她一概拒絕。理由是「以你我從小相愛，又在一個環境中長大，你尚見異思遷，中途變心：偶然認識的人，何能可靠。如與年相若者結合，他不會和你一樣嫌我年事大了嗎？你長我四歲，尚振振有詞，要娶十七八歲的少女為配偶。……當時反常心理告訴我，長我幾乎一倍的長者，將永不變心，也不會考慮年齡，況且熊氏慈祥體貼，托以終身，不致有中途仳離的危險。」除此而外，毛彥文之熱心教育，有遂慈幼教育事業之夙願，而作出此一果斷之選擇。

一九三七年春，熊希齡帶著毛彥文，雙雙出國，赴爪哇出席國際禁販婦孺會議，為保障人權而奔走呼籲。回國後，又在山東省青島市，籌備一所嬰兒園。七七事變，熊希齡愛國不落人後，他偕同毛彥文自青島南下，在「八一三」淞滬戰役爆發後，親自主持戰地救護工作。在一個多月內，他們設立臨時醫院四所、難民收容所八處，共救出傷員六千餘人、難民十五萬餘人。在受傷的軍民中，在難民收容所中，人們經常看到一個文靜的臂纏紅十字章的中年婦女，在鼓勵、再撫慰、在扶助那些戰爭帶給他們不幸的人們，她就是毛彥文。因此他們益為世人所推重，不久上海各慈善團體籌組聯合救災會，熊希齡被推選為副會長。除此而外，他們還率先發起籌辦一所街頭教育社。同時又計畫如何把慈幼院遷到大後方去。一九三七年十二月間，他們風塵僕僕地趕到香港，為籌募救治傷兵和救濟大批難民的經費，詎料因勞累過度，熊希齡心臟病發，於十二月二十五日病逝香江。毛彥文則經慈幼院董事會一致推舉，成為香山慈幼院院長，在國難中獨立支撐，繼續完成熊希齡未竟的事業。

一九三八年春，吳宓經香港、海防輾轉到達西南聯大文法學院蒙自分校，授課一學期。秋，蒙自分校遷回昆明聯大本部，吳宓自此在聯大外文系任教授，直至一九四四年。在熊希齡病逝後，吳宓曾想方法要追得毛彥文，在一九三九年七月十一日的日記中，有如下的記載：「為今之計，宓宜徑即赴滬（案：毛彥文此時已由平輾轉至滬，居於法租界福開森路底餘慶路愛棠新村）。先在港製西服，自飾為美觀年少。秘密到滬，出其不意，徑即訪彥。晤面後，旁無從者，即可擁抱，甚至毆打撕鬧，利誘威逼，強彥即刻與宓結婚，同行來滇。出以堅決，必可成功。即至越禮入獄，亦於宓無損。前事可不必提說，惟有此法可成功滿意云云。」然後來他認為此計不成，於是他又想出另一辦法：「（一）在此間造作空氣，使眾皆知宓愛彥至真至苦，必有人以其情形函報彥知。旁觀之言，易使彥感動。或者（二）宓邀友茶會，宣布將出家受戒為僧。更居西山一二星期，以實其事。彥知宓真為出家，必不能無動於中，倘肯親筆致宓一函，則此後事皆易辦。（三）宓於適當之時，赴滬訪彥，面致其情，或有萬一之望，云云。」（見一九四〇年十二月三十日之日記）。吳宓曾說：「予平生所遇之女子……愛之最深且久者，則為海倫。」因此，在意亂情迷下，導致有此心理失態的想法。沈衛威指出，吳宓具有敏感、純真、激情、憂鬱，以及神經質的外在表現，喜歡沉緬於自己的純粹感覺和生動的想像力中，以致有時把握不住現實與理想的落差，出現荒誕的行為，使自己陷入情感的迷途，可說是極為中肯的論斷。

而一九四一年太平洋戰爭爆發，毛彥文困居香港（案：她於十一月底赴港，寓許地山夫人家，十二月八日戰爭爆發，十八天後香港淪陷，成為難民，一個月後輾轉脫離陷境），吳宓聞訊為之著急萬分，曾有函電慰問，但如同熊希齡去世吳宓致電慰唁一樣，均沒有得到毛彥文的回音。於是吳宓寫下了一首〈慰未亡人詩〉，中有「讀罷楞嚴未解情」之句，坦承他雖然鑽研佛經多年，卻依舊一往情深，繾綣不已，根本無法獲得解脫。其後他還一再的在課堂上說：別無他願，惟求此生能夠再晤毛彥文一次。而一九四九年毛彥文到了臺灣，她除了是「國民大會」代表外，她先後執教於桃園復旦中學及臺北實踐學院十餘年，直到八十高齡才自動退休。一九九九年十月三日，她逝世於臺北內湖國泰醫院，享年一百零三歲。而吳宓則身陷大陸，飽受迫害與折磨，於一九七八年病逝，享年八十四歲，兩人終其一生，並沒有再見過面。

據張紫葛《心香淚酒祭吳宓》一書云，一九四九年九月，重慶大學中文系系主任艾蕪，因慕吳宓之名，請他擔任兼任教授。吳宓在第一次上課後，就收到女生鄒蘭芳小姐（案：鄒為四川萬源人，後畢業於重慶大學法律系）的一封長信，具道夙昔仰慕吳宓，今有幸親聆教誨，深感夫子學識淵博，字字磯珠。誓當頂禮門牆，虔領教導，求其登堂入室云云。吳宓接信後置未作覆。爾後每授課一次，必得鄒生一函，越寫越長，漸道家世情志，並表示愛慕之情。吳宓均以鄒生一時虛幻，而未在意。一九五一年，鄒蘭芳的兩個曾當將官的哥哥遭到鎮壓後，留下八個幼小的子女要她照顧，她於是哭求吳宓的幫助，吳宓秉存仁者之心，從此每個月從自己工資抽出大部分，幫助她撫養孩子。幫助這種成分的人，在當時是非常危險的，但吳宓卻覺得義不容辭。而就在此時西南師範學院圖書館的一位女職員頗有姿色，她的丈夫是三青團的，因為到了臺灣，所以她被認定是隔離對象，她看中了吳宓。她想吳宓是該校的頭面人物，做了他的夫人，可得統戰之蔭蔽；吳宓又是高級教授，工資高，物質生活也可以大大改善；老教授為人善良，不講無產階級政治要求，且有紅學專家之稱，待妻子必然溫良體貼，而且這種學究易於誘導定情。於是她死命地向吳宓靠攏，為迫使吳宓與她結婚，她還胡謅和吳宓私通等等。而實際上與她私通的是吳宓的頂頭上司方敬（詩人何其芳的妹夫）的好友張東曉，並且當場被抓個正著。但迫於政治壓力和無奈，吳宓只得答應和鄒蘭芳結婚，才算平息一場「桃色風波」。但吳宓卻自咎其責地說：「我負擔了小鄒一家九口生活，就娶她為妻，成什麼話？買她嗎？前此一諾千金之仗義行為，竟成狼子野心矣！……」。於是兩人在一九五三年結婚，這樣鄒蘭芳才有了工作。兩人生有一女，但未足歲便夭折了。其後鄒蘭芳長期患病，吳宓朝夕照顧，接便洗髒，必自躬親而不假手他人。但因鄒患的是肺結核，到一九五六年，便香消玉殞了。

在臨終前，鄒蘭芳才坦承其實她在一九四九年七月已得知患了肺結核，她給吳宓寫第一封情書，其實是要在有限的生命裡找個蔭蔽之所。她說：「我欺騙了吳雨僧，利用了他的正直善良，利用他的同情心，來套著他，捕獲他，在他的有生之年，為我這個不值半文的女人，為我的侄兒姪女們，做牛做馬，……我，是他的罪人！」而當吳宓得之事情的原委時，他說：「哦！她——立意得遠，用心良苦。我們竟然盡在鼓中矣！然亦不必惱恨也，倘以悲天憫人之心觀之，則伊——情可憫！良可憫也！」鄒蘭芳在最後迴光返照時，淚眼汪汪地對吳宓說：「我害了你，累贅了你。沒有半點報答。對你的大恩大德，來生圖報！」吳宓俯身對她說：「……別這麼說，你，你，半點不曾累贅我。你給了我機會，讓我真正盡一盡丈夫的義務。我永遠銘記你，感謝你。——放心，我一定把你的侄兒、姪女撫養成人……」。而吳宓也始終信守著他的承諾，除此而外，他室內的擺設一如鄒蘭芳生前，吳宓還在家中為她設有靈位（後在「文革」中成為罪狀，為紅衛兵所砸），每餐必多設一副碗筷，每看電影，必多購一張票，虛席以待。足見恭行君子之風。

文化大革命爆發後，吳宓即遭殘酷迫害，大量的日記、文稿、藏書被洗劫一空。曾是他晚年執教的學生周錫光談到在文革初期他回西南師範學院探望吳宓的經過，他說：「一九六七年二月，我決計赴渝探望吳先生。當我到了西師，只見學校辦公樓、教學樓已是一派破敗景象，處處牆上殘留著大標語、大字報，據說各『造反派』大軍都已出去（武鬥開場，好些人借『串連』逃之夭夭），學校空空如也。只在三教學樓不遠菜地裡有十幾個衣著破爛的老師（『牛鬼蛇神』）蹣跚地挖地『勞改』。我不願讓他們發現，便立在老遠探看，沒有他。於是我走向教學樓，沒有他，正躊躇間，忽發現拐彎樓梯處有一個老人正吃力地躬腰掃地，是他，果然是他！我趕過去正要喊他（吳先生已看見我），忽見他急急地揮揮掃帚（意教我馬上離開），又急側轉身答應一聲：『有！』，向樓裡走去（有人叫他）。我十分激動，看到了他，他還活著！晚上，我再次到文化村宿舍去看望吳先生，當靠近宿舍時，黑處有一個低聲音叫住我，是吳先生。大概他已估計到我將再來，便站在這兒等一陣子。我說明：『是專程趕來看望。』可話音沒完，吳先生說：『你能趕來看我，我很感激，……其實我下午已看見你，你也看見我了，這就夠了。現在你無須逗留，趕快離開西師，不要受我的牽連。錫光，聽我的話，趕快離開！』於是我向吳先生深深鞠躬後，便離開了西師……」

而從吳宓一九七二年七月十二日給友人姚文清的信中，我們可以得知，他備償折磨，左腿殘廢，雙目幾乎失明的苦況：「一九六九年五月九日（宓等十人，第一次貶來梁平），在『鬥爭宓之大會』上派兩名學生拉宓（罪犯）入場（跑極快），中途在平鋪磚地之『食堂』中，猛被向前推倒（宓向左前方跌倒地上），結果左腿扭折（又被組長虐待；不許吃飯，每日強迫『練習走路』）。——現今必須右手拄杖，否則不能站立，更不能走步。經過不斷醫療，現今可支杖走路，左三關節已不再痛。但左腿仍不能彎曲，不能起甚高（故上臺階、上樓梯十分困難），而骨髖（左胯）一關節猶時時作痛，宓右目在一九七一年六月忽全盲，現惟靠左目代兩眼之用（醫云：目中『白內障』，到大城市大醫院不難治好）。」一九七七年一月吳宓的妹妹吳須曼從西安來重慶，把他接回老家涇陽。此時吳宓幾乎雙目全盲，左腿也已殘廢。一九七八年一月十四日病危，送醫搶救，十七日淩晨三時辭世，終年八十四歲。

也是吳宓的弟子，現為西南師範大學教授的孫法理在文章對吳宓有這樣的評論：「吳宓的學生錢鍾書曾說吳宓是亞里士多德定義下的悲劇人物。這大約指的是他的理想與時代的脫節。那是早期的吳宓。晚期吳宓的悲劇是時代的悲劇，但他那孤獨頑強的執著卻給它增添了幾分悲壯。吳宓總是生活在他所說的The World of Truth（真的世界）裡，而他周圍卻有不少人是他所說的Vanity Fair（浮華市場）裡的弄潮兒。這一事實也對吳宓悲劇的形成起了推波助瀾的作用。他是個孤獨的行道者，踽踽獨行，走完了他的淒涼的路。」可說是道盡了吳宓一生的行事，甚至感情之旅。

一九九九年十月三日毛彥文女士以一百零三歲的高齡，病逝於國泰醫院內湖醫院，我是從報紙上得知消息的，那是我當年在電影界的師友也是北平香山慈幼院旅臺校友會會長常錫楨先生發的消息。在這之前我研究吳宓，當然熟悉毛彥文，只是我不知她就住在臺北內湖，錯失拜訪請益之機會。但若見面她恐也不太願意再提起這段「往事」的。後來我找到常先生問可有毛女士的資料，常先生給我毛女士親撰的回憶錄《往事》，上頭還有她老人家訂正的錯字。此書據說於一九八七年就自費印成，一直收藏於她的住處達十年之久，到了一九九七年才分贈給少數至親好友，因此市面書店是買不到的。

後來天津百花文藝出版社出版了簡體版，可惜文中有若干刪節，圖文也做了調整，與原來版本有些差距。北京大學歷史學者歐陽哲生得知我手上有作者親自改定本，他三番兩次提議我復刻出版，但我總覺得當時毛女士自費出版時在編排版型上並不太講究，若要重新出版則除不動到內文及她所附的熊希齡書信墨寶外，需重新打字排版校對，甚至要重新設計封面。

《往事》從毛女士的家庭狀況說起，敘及百年往事，巨細無遺，仿如日記一斑，詳細而正確。只是在與吳宓交往過程卻刻意從略了，因此我補寫了一篇近萬字的長文至於前頭，將此一段公案做一解讀。湖南藏書家原版迭戈在他的博客也說這是一本完整版了，蔡先生的導讀，更加值得一讀，是一篇很不錯的文史稿。建議大家看看這個版本。

聽說當年毛女士內湖住所的客廳牆壁上，掛著胡適先生送給她的墨寶，寫的是王安石（荊公）的著名詩句「不畏浮雲遮望眼，自緣身在最高層」，對照於毛女士的前塵往事及她晚年的淡薄自守、雍容風度，此兩句詩無疑地是最佳的寫照。斯人已去，常留回想！在她仙逝十六年後，重新出版此書，算是對她遲來的懷念！

日本名醫眼中的民初人物：《謙廬隨筆》

「中醫才子」陳存仁，在診務之餘寫了一本《閱世品人錄：名中醫舊上海見聞錄》，寫的是他的交遊，因為他是名醫交遊自然是廣闊的，如章太炎、劉半農、胡適、杜月笙、秦瘦鷗、陳光甫、董浩雲、張宗昌等人，皆可說是中國現代史上文化界、實業界的重要人物，因此該書自有其史料上的價值。

無獨有偶的，有一日本人矢原謙吉，其家世代為武士，但他則留德習醫。一九二六年學成之後，應山本醫生之聘，到中國北京懸壺濟世。由於他醫術湛深，又宅心仁厚，因此生意門庭若市，聞名遐邇。當時留居北京的達官貴人及其眷屬有病皆求診於他，因此他遍識西北軍、東北軍、晉軍的大員，甚至前清遺老，以至當時冀察政務委員時代的朝野名流。諸如：馮玉祥、張學良、宋哲元、秦德純、曹汝霖、蕭振瀛、韓復榘、潘復、溥心畬、陳寶琛、梅蘭芳、余叔岩、胡適、周作人、傅斯年、何應欽、孔祥熙、王芸生、王正廷、王克敏、王揖唐等人，或為診病，或頗熟稔，或成良友。矢原醫生又精通漢文，喜結交文士，當時著名的報人如張季鸞、張恨水、管翼賢（北京《實報》創辦人，抗戰期間成為「漢奸」）皆成為其好友，平日文酒宴會，彼此上下古今無所不談，尤其這些資深報人口中都有獨家內幕，因此所述政海秘辛、個人往事，都有足堪記載者，矢原醫生就一一將這些所見所聞之故事，筆之於書，藏之於篋中，但並未將之示人。抗戰戰爆發後，日軍佔領北京即逼矢原離開，並不准在中國行醫。但他個性剛強，不為勢屈，於是移居德國，以示和窮兵黷武之日本絕決。到希特勒上臺後他再遷居美國，二戰時（一說韓戰時）病逝於美國。

矢原醫生的遺著後經其子矢原愉安交給香港《掌故》月刊連載發表。據曾經見過矢原愉安的人說，他懂日、中、英、德文，他的廣博見聞、舉止談吐，也引人入勝。他寫過〈宣統皇帝私生活兩個神秘的角落〉的文章，也寫過〈馮玉祥有沒有偷盜清宮珍寶〉及張勳復辟的文章。而其父的這些札記，初無名稱，刊登時由《掌故》月刊主編岳騫取名為《謙廬隨筆》，後結集成書。

《謙廬隨筆》以掌故筆記體寫成，共八十六則，因作者對軍政界人物最熟稔，尤其與西北軍、二十九軍和冀察政務委員會的高層都有交往，其所記也都親歷親聞者，其史料價值極高。矢原認為馮玉祥偽善多變，欺世盜名，有人說：馮玉祥以作偽為能為樂，故以師事王瑚，蓋王瑚之作偽功夫，爐火純青，馮玉祥所自嘆不如者。假使馮玉祥能學盡王瑚之能事，則馮君臨天下，四海歸心之期，指日可待。因此論者評馮為：「貌似劉備，才如孫權，而志比董卓，運只袁紹耳。」又馮玉祥是西北軍之勤於叛，善於叛與樂於叛者，而「叛者，人恆叛之」，馮部中除宋哲元、劉汝明與劉驥、張之江、李鳴鐘、鹿鍾麟、劉郁芬諸元老外，幾無人不叛馮。而最為馮及其老西北軍所怕者，是石友三，蓋石之善變，喜變，尤勝馮玉祥多多矣。

矢原認為宋哲元為冀察政務委員會委員長，不過似《水滸傳》裏金槍手徐寧、雙鞭呼延灼之流，故當其與日方折衝時，全乏外交手段。事急時，其大將秦德純市長，輒效劉玄德故事，當眾掩面痛哭，使日方嗒然而去。宋哲元避見日方，最常用的藉口，是「虛火上升，耳鳴不已」，因此為他贏得「多愁善病之宋委員長」之稱號。又其母「七十大壽」舉行之慶典，矢原亦恭逢其盛，其豪華奢侈，實為數十年來所罕見者，足可與當年杜月笙建立家祠並稱，有過之而無不及。「堂會」三日，流水千席，壽聯、壽幛之多，幾如山積。其後張恨水告訴矢原說：「此為宣統大婚後，古城中第一大闊事。三日所耗之資，當足敷十萬貧民一月餬口之用也。」而管翼賢更大爆內幕，謂此次花費，各方面人物，均有所「報效」，其「禮金」或十萬或五萬或一萬，而五千以下，一百以上者，更車載斗量，不可計矣。

對於張學良，矢原有他的獨特看法，他認為瀋陽事變後，迄張學良南下之前，外間咸謂張與南京之關係，極為水乳交融，他卻認為未必盡然。他說張雖以養病為名，日臥於北京協和醫院，實則其病房即為變相之「順承王府」，日集謀士，研商大計。以「避嫌」之故，與日人亦不謀面。而日方對其種種行止，亦瞭如指掌。當時在「居留民會」的濱田曾告訴矢原說：「今日張少帥日夕焦慮之問題，並非何日始能重據東北，而為如何始能永鎮北方，不容他人置喙。」矢原認為觀之若干事實，此一判斷確頗中肯。

矢原眼中的孔祥熙是俗不可耐的，雖山西腔英語不絕於口，但其言無味，充其量不過是劉景升（表）之材耳。其妻雖徐娘半老，而濃妝豔抹，舉止若村婦，猶存浪漫之想。矢原說他不解此對賢伉儷，何以竟能於一文明古國，禮義之邦，呼風喚雨，為所欲為，豈浩浩中土真已江郎才盡乎？孔祥熙字庸之，當時任職行政院秘書的黃秋岳曾不減書生狂態地問矢原說：「你知孔財神的字號，出於何典？」矢原無以對，黃秋岳笑曰：「此簡稱也。原文實為『庸人用之』耳。」一連用他的人也罵了進去。黃秋岳還罵馮玉祥，因為馮玉祥原名煥章，正是因為他的上代乃是麻將專家與星象專家，預知此公將來必以倒戈叛變起家，有如麻將中之換張易牌，愈換愈好，所以名之為『煥章』，以諧音『換張』之意云。

而軍閥張宗昌的幕僚潘復字「馨航」，用林白水的福建普通話念之，尤如「腎囊」。自認是張宗昌「智囊」的潘復那堪被罵成張胯下的「腎囊」（陰囊），林白水實在是文筆老辣，而潘復「是可忍，孰不可忍」，於是向張宗昌一叨咕，林白水也就送了命。宋哲元入主幽燕之後，潘復見獵心喜，頗欲乘機重登政壇，遂乃日夕奔走奉承於二十九軍之將級人物中。見人則「呵腰示敬」，抱拳拱手，脅肩諂笑，每日大談女人經。久之，「進德社」（宋哲元之「招賢館」）中人，遂賜給他「潘大舅子」之名，潘復又多了一個渾號了，但這次他無法再砍別人的頭了。

又有曾隨徐樹錚的「觀戰代表團」赴歐的何遂，向有「狂狷」之名。有一晚他和矢原痛飲於慶林春，微醺之際，索來紙筆，寫下他對南京各院部的看法：行政院—永不換湯；監察院—

北妓秦腔；司法院—湖北同鄉；考試院—戴氏佛堂；立法院—萬國文章；外交部—見日心慌；教育部—孔道方張；財政部—枉法貪贓；軍政部—無餉無槍；交通部—吃盡當光；實業部—錢來何方；內政部—地圖一張；海軍部—睹艦心傷。可謂道盡當年國府的腐敗亂象。

除此而外，矢原認為當時日人侵華有三派：一派主併；一派主呑；一派主滅。而外人每混「併派」與「滅派」為一談，實則誤矣。「併派」當屬松室、石原、土肥原、坂垣，以致於田代之流；而「呑派」多為元老份子；「滅派」純屬少壯軍人與若干新貴，他們喜以雷霆萬鈞之勢，一舉而殲。當「滅派」一朝得勢，則中日關係即不可收拾矣。當時土肥原權焰遮天，但他曲意逢迎反日人士，如張季鸞每一時評出，土肥原必讀完並託人向張致意「某日社論高明，即土肥原亦五體投地」；逢張生日，特地送上張氏老家陝西的特產作賀禮，禮單上署：「晚土肥原」；當時管翼賢亦以反日言行，見稱於華北讀者中，土肥原每伺機緣，竭力籠絡。管妻邵挹芬在大柵欄購買皮貨與衣料，當選購畢要付帳時，帳房會說：「土肥原君已代付，務請夫人與管先生賞臉！」宋哲元母做壽，土肥原送歐洲名瓷、金皮空心桂圓。如此等等，不一而足，其態度之謙恭，手法之綿密，都出人意表。由此可見日人之隱忍的野心。另外鉤沉史實，澄清辯誣也是《謙廬隨筆》的一個特色。一九三二年九月三日張宗昌魂斷濟南車站，據鄭繼成的自述，是其親手狙殺，矢原卻以翔實的第一手資料推論此案乃韓復榘指使別人所為。他說張宗昌飲彈之際，日人五反田正與鄭繼成飲酒猜拳，未嘗片刻分離。後鄭繼成隨僕回山東省政府（鄭當時為省政府參議）時，又幾在張斃命二小時之後，鄭繼成有報仇之心事實情，但殺手卻不是他。矢原認為張宗昌之返山東訪舊，實遭韓復榘之大忌。確實韓復榘當時想用武力驅逐劉珍年，戰事已部署好，張宗昌恰巧到了，韓復榘可能懷疑張宗昌另有企圖，也不願意他同劉珍年接觸。張宗昌死後十來天，韓、劉兩軍即在昌邑展開大戰，可以看出張宗昌之死，與此不無關係。矢原之推論確非空穴來風。

《謙廬隨筆》所敘全憑所見所聞，又其為外國人所寫，與書中人物既無恩無怨，自是較為客觀。而其文字簡潔，無散漫脫節之病；而涉筆成趣，皆能出以自然。犖犖諸端，略如上述。可為治近代史者，多一種珍貴的材料，雖是如掌故筆記，但描繪的栩栩如生，或許更接近歷史的本原吧。

詞人之筆寫掌故的況周頤
——《眉廬叢話（全編本）》、《餐櫻廡隨筆》

記得在大學時代，讀了王國維的《人間詞話》，其主張：「詩人對宇宙人生，須入乎其內，又須出乎其外，入乎其內，故能寫之；出乎其外，故能觀之。入乎其內，故有生氣；出乎其外，故有高致。」又提出了「境界」說，他說：古今之成大事業、大學問者，必經過三種之境界：第一種境界：「昨夜西風凋碧樹。獨上高樓，望盡天涯路。」第二種境界：「衣帶漸寬終不悔，為伊消得人憔悴。」第三種境界：「眾裡尋他千百度，驀然迴首，那人卻在，燈火闌珊處。」這些話語在詞論界，都已被奉為圭臬，影響極為深遠。尤其是葉嘉瑩教授還寫有《王國維及其文學批評》一書，賡續其詞論。

當時我買的《人間詞話》是和《蕙風詞話》合成一本，因此我得知了況周頤（蕙風）這個人。清詞在中國詞史上被稱為「詞的中興」，上接風騷，蔚為大國；詞人之盛，也超乎前朝。到晚清王鵬運、鄭文焯、朱祖謀、況周頤，被稱為「清末四大詞人」。尤其是況周頤在短短六十八年的生命旅程中，有五十餘年用於詞的寫作中，因此他首先是個詞人，而後才是個詞論家。也由於他是個詞人，因此他將創作的心得，透過他如椽之筆，化為精闢的論述，堪稱知言。《蕙風詞話》和王國維的《人間詞話》以及陳廷焯的《白雨齋詞話》，被譽為「清末三大詞話」，在中國文化史上影響很大，代表了古代詞話的最高水平。

況周頤（一八五九或一八六一～一九二六），原名周儀，以避宣統帝溥儀諱，改名周頤。字夔笙，一字揆孫，別號玉梅詞人，晚號蕙風詞隱。廣西臨桂（今桂林）人。其家族世代書香名宦，是當時臨桂「詩禮簪纓」的望族。況周頤少有夙慧，讀書則輒得神解，六歲已授《爾雅》。九歲補博士弟子員。十歲詩賦可觀。十二歲進入詞學領域，偶得《蓼園詞選》讀之，試為小詞，而沈浸日深，終以填詞為終身事業。

光緒五年（一八七九）中舉人。後官至內閣中書、會典館纂修、江楚編譯局總纂、安徽寧國府督辦等職。光緒十四年（一八八八）自四川入北京，獲觀古今名作，受到端木埰、許玉瑑、王鵬運三前輩的指正，尤其與王鵬運同官內閣中書，以詞學相砥礪，寢饋其間者五年。其詞初學蔣捷、史達祖，晚近姜夔。光緒二十一年（一八九五）以知府分發浙江，曾入兩江總督張之洞幕府。光緒二十五年（一八九九）再次接受湖廣總督張之洞之聘。光緒三十年（一九〇四）執教於武進龍城書院，二月再次遊歷蘇、杭，成《玉梅後詞》。鄭文焯嘗竊議之，況周頤大不高興，其於詞跋有云：「為傖父所訶」（按：傖父指鄭文焯），從此況、鄭兩人交惡。

光緒三十二年（一九〇六）入兩江總督端方幕府，備受信任。此因況氏精通金石碑版之學，而端方於此收藏甲天下。況氏為之審定金石，代作跋尾，凡端方之藏書、藏石諸記，皆出況氏手筆，端方極器重欣賞之。因此次年況周頤刻《阮庵筆記五種》，端方為其題簽。況周頤因此遭人嫉妒，張爾田《近代詞人逸事》曾載云：「時蒯禮卿（光典）亦以名士官觀察，與夔笙學不同。每見忠敏（端方）必短夔笙。一日，忠敏宴客秦淮，禮卿又詆及夔笙。忠敏太息曰：『我亦知夔笙將來必餓死，但我端方不能看見其餓死。』夔笙聞之，至於涕下。」宣統元年（一九〇九），端方調任直隸總督，況周頤在南京難以立足，遂至安徽大通掌榷運。宣統三年（一九一一）辛亥九月，於倉促亂擾中，便由大通至上海，而端方入川，為革命軍所殺。

辛亥革命成功後，況周頤寄跡上海，鬻文為生。時朱祖謀（彊村）居德裕里，與況周頤衡宇相望，兩人過從頻仍，以詞相勵，酬唱之樂，時復得之。然況周頤此時清貧之甚，有無米炊之詞可證。其弟子趙尊嶽《蕙風詞史》云：「自辛亥來滬，與彊村侍郎遊，同音切磋，益臻嚴謹，於是四聲相依，一字不易。」是況周頤對詞律態度的轉變，是受朱祖謀的影響所致。一九二四年，《蕙風詞話》五卷校刻完畢。《蕙風詞話》指出「意內為先，言外為後，尤毋庸以小疵累大醇」，即詞必須注重思想內容，講究寄托。又吸收王鵬運之說，表明作詞有三要，曰：「重、拙、大」。強調「真字是詞骨，情真、景真，所以必佳」。但亦不廢學力，講求「性靈流露」與「書卷醞釀」。此外，論詞境、詞筆、詞與詩及曲之區別、詞律、學詞途徑、讀詞之法、詞之代變以及評論歷代詞人及其名篇警句都剖析入微，往往發前人所未發。龍榆生《詞學講義・附記》引朱祖謀稱譽《蕙風詞話》云「自有詞話以來，無此有功詞學之作」並推為「千年來之絕作」。而夏敬觀也說：「夔笙論詞尤工，所著《蕙風詞話》精到處，透過數層。」

一九二六年舊曆七月十三日況周頤完成其最後遺作《詞學講義》，其後即告病倒。五天後，即七月十八日病逝於上海寓廬，葬湖州道場山。袁寒雲輓聯云：「比夢窗白石，老宿成家，盡低唱淺酌，一代詞人千古在。溯漚尹缶廬，殷勤共話，愴小樓清夜，十年江國幾回逢。」朱祖謀輓聯云：「持論倘同途，詞客有靈，流派老年宗白石。相依在吾土，道場無恙，死生獨往為青山。」

況周頤有詞九種，合刊為《第一生修梅花館詞》。晚年刪定為《蕙風詞》二卷。又輯有《薇省詞抄》十一卷，《粵西詞見》二卷，聯句《和珠玉詞》一卷。此外，尚著有《詞學講義》、《玉棲述雅》、《餐櫻廡詞話》、《歷代詞人考略》、《宋人詞話》、《漱玉詞箋》、《選巷叢譚》、《西底叢談》、《蘭雲菱夢樓筆記》、《蕙風簃隨筆》、《蕙風簃二筆》、《香東漫筆》、《眉廬叢話》、《餐櫻廡隨筆》等。

況周頤晚年定居上海，留戀清室，以舊臣、遺老自居，崇古不苟，同為遺老的馮煦戲呼為「況古人」。他不問世事，只結交文友、詞友、戲友，按譜填詞，宴飲酬唱。以鬻文為活，窘困潦倒，自悲自憐，鬱鬱而終。故而王國維《人間詞話》感嘆道：「天以百凶成就一詞人，果何為哉！」。

關於況周頤與賽金花之交往，據一九一五年八月十日（舊曆六月三十日）出版之《東方雜誌》（第十二卷第八號）得知況周頤於此前已代傅彩雲（賽金花）致函冒廣生（鶴亭）求助。張爾田的《詞林新語》載云：「傅彩雲以絕色負名，某名士媪之，嘗與蕙風同過酩酊，蕙風亦欣賞。迨其官浙東，彩雲少不繼，蕙風為作小箋，詞意婉委，其人為致二百金慰之。」陳聲聰《兼予閣詩話》第二卷〈冒鶴亭〉條云：「一九一八、九年間，賽金花老而窮甚，時先生方莞關稅於歐江，詞人況蕙風代其作書向先生求將伯之助，書中有『猥以蒲姿，曩承青睞。落紅身世，託獲金鈴』及『烏衣薄游，寧少王謝』、『有貼乞米，無人賣珠』等語，不知先生有以應之否。」然陳聲聰說致函的時間在一九一八、九年間，顯係錯誤，查考瑜壽所作〈賽金花故事編年〉一文（收入蔡登山編《孽海花與賽金花》一書，秀威出版，二〇一三），賽金花是在一九一二至一九一六年間第三次到上海為妓，此時年約五十歲。至一九一六年她已得識新歡參議院議員魏斯炅並一同到北京，住於櫻桃斜街。一九一八年和魏斯炅同到上海結婚，婚後又同回北京。一九二一年七月魏斯炅死，賽金花遷居香廠居仁里十六號，在此居住十五年，直至一九三六年以七十三歲病逝為止，沒再離開北京過。因此當以況周頤之記述為正確，若一九一八、九年間，賽金花已再婚，衣食無虞，何需救助乎。

〈況蕙風先生外傳〉又云：「庚申（一九二〇）北上交伶官梅畹華（蘭芳），延賞備至，翌年辛酉，畹華南來，香南雅集，排日聽歌，為詞張之，幾二百闋，所謂《修梅清課》，飲井水者，庶咸知之。畹華藝特高，不必以詞增重，而詞之足以重畹華者實多。」因此當況周頤病逝時，梅蘭芳特發電致唁，文曰：「況蕙風先生之喪，失舉世之導師、詞家之宗伯，聞者悼之，而環堵蕭然。畹華與之交誼素篤，蕙翁生前，尤加契賞，累為詞張之。頃在京得訊震悼，立電致唁……」亦見風義出於伶官者。

又一九一五年十月七日《魯迅日記》有云：「上午寄二弟書二包：《長安獲古編》二冊，……《萬邑西南山石刻記》一冊、《阮庵筆記》二冊、《香東漫筆》一冊、……」其中《萬邑西南山石刻記》、《阮庵筆記》、《香東漫筆》均為況周頤之著作。況周頤除為著名詞人外，亦治金石碑版及考據之學，他《蕙風簃二筆》曾云：「倚聲家為金石家，是魚與熊掌也」，但思其意，他是想兩兼也。而學者鄭煒明在《況周頤年譜（二〇一四年增訂版）》有按語說：「魯迅之留心於先生之文史筆記及金石學著作，具見其舊學之興趣所在。今讀《魯迅全集》，其中多有舊學之研究，其根底深厚，非一般新文學家可企及，是亦不足為怪矣。」而一八九八年況周頤主講於揚州安定書院，九月移居揚州小牛錄巷，後即著名學者阮元的家廟，有阮元重建的「文選樓」，故況氏此時所撰之筆記名為《選巷叢譚》，又因仰慕阮元自號「阮庵」，有《阮庵筆記》。周作人在一九三八年五月三十一日，撰〈題阮庵筆記〉一則云：「二十七年戊寅端午前三日，隆福寺書估攜此書來，乃收得之」，又云「《阮庵筆記》素所喜愛」，加上一九一五年魯迅的寄書，是周作人先後兩次得《阮庵筆記》。周作人在《書房一角》書中又盛讚況周頤「文筆樸實，風趣閒雅，自有勝地，近代著作中少見其匹」云云。鄭煒明認為可具見魯迅、周作人兄弟二人對況周頤著作之重視與推崇。又說：「向來研究新文學史之學者，皆盛讚周作人散文風格之佳妙，有謂實源於晚明之小品文，然從未有人提及周氏之散文風格，或有受先生筆記文之影響，故特標舉於此，以供治新文學史及研究周作人之學者參考。」

又況周頤有女婿陳巨來（一九〇四～一九八四），號安持老人，齋名安持精舍。是傑出的篆刻家，其篆刻被人譽為「三百年來第一人」。張大千諸多印章都是他刻的。出版有《安持精舍印話》。他寫有《安持人物瑣憶》一書，被譽為民國掌故專家。其中有一小節寫到他的老丈人，對這位被王鵬運稱為「目空一切況舍人」的奇行怪狀，玩世不恭，有極為有趣而珍貴的描述。他說：「況公生平學生至多，只繆子彬（藝風之子）、林鐵尊二人，寫信時稱仁弟，其他一列仁兄也。自視寫字，認為惡箚，凡題字等等，均鄭蘇堪、朱古丈、鄭讓于三人代筆者。大門上每歲換一春聯，總為鄭、朱、吳缶翁三人輪流所書，舊者絕不取下，故累累然高凸也。其住屋，大廳上不設一几一桌，空空如也，廂房門上貼一集南北史句，上聯「錢眼裡坐」，下聯「屏風上行」。上一橫額貼於壁上曰「惟利是圖」，均吳缶翁篆書也。乙丑春，因娶妾吳門，遷居蘇州（只三月又回上海了），余特請朵雲軒至空房中鏟取吳書，二元工資，只鏟得「惟利是圖」四字，聯句牢粘木門上，竟不能得矣。此四字余至今尚保存未失，後遂有朱丈長題原委。余藏缶翁書只此一件耳，亦可寶也。況公性奇乖，玩世不恭，嘗請吳缶翁畫荔枝一幅，上題「惟利是圖」四字，又填〈好事近〉五首，均由缶翁所書，生前總掛在會客室中，逝世後由大兒子以廉值售去，後歸上海西泠印社影印入缶翁遺墨中矣。今不知下落矣。五詞余均抄存者，聿未失也。」其中鄭蘇堪乃鄭孝胥，朱古丈乃朱祖謀，鄭讓于乃鄭孝胥之長子鄭垂，而吳缶翁則是著名的書法家、畫家、篆刻家吳昌碩也。

陳巨來又說：「況公生平所填詞，凡題什麼圖什麼詩文集者無一留稿（草稿都撕光不留），但作文生涯頗不惡，西泠印社出一書，嘉業堂劉氏刊一書，序跋無一非其大筆，但說明代筆始寫也。又不甚肯獎掖後進，故大都恨之不已。黃孝紓，字公渚，福建人，父久任山東知府，故成魯人矣，在黃二十餘歲時，即以駢文名，嘉業堂劉氏聘之為記室。……黃氏以久仰況公大名，請劉翰怡作介紹，恭謁況公，以文求正。況公收下後，從不啟視，隔三月黃又去求正，況公原封不動還之，云：已拜讀過，佩服佩服云。黃事後逢人必大罵不已矣。……龍榆生初從江西來滬時，亦先謁況公，為所拒，乃改入朱丈門下者，事後亦深恨不已了。」劉翰怡乃嘉業堂藏書樓的創辦人劉承幹也。而龍榆生乃是龍沐勛，他當年在上海曾與「旅滬詞流如番禺潘蘭史（飛聲）、寧鄉程子大（頌方）、歙縣洪澤丞（汝闓）、吳興林鐵尊（鯤翔）、如皋冒鶴亭（廣生）、新建夏劍丞（敬觀）、湘潭袁伯夔（思亮）、番禺葉玉虎（恭綽）、吳縣吳湖帆、義寧陳彥通（方恪）、閩縣黃公渚等二十餘人約結『漚社』，月課一詞以相切磋，共推先生（朱祖謀）為盟主」，根據龍沐勛〈彊邨晚歲詞稿跋〉當時他「年最少，與先生往還最密。屢欲執贄為弟子，而先生謙讓未遑也。先生嘗語予：『生平不敢抗顏為人師。除任廣東學政時所得士例稱門生外，不曾接受談詞者列弟子籍。有以此請，即為轉介於臨桂況蕙風（周頤）。』」。是陳巨來說是「先謁況公，為所拒，乃改入朱丈門下者」，恐記憶有誤矣。

至於談到朱祖謀與況周頤兩人的詩，陳巨來說：「吳瞿安（梅）云：夔老之詞，比朱彊村為佳，因朱只擅夢窗一路耳云云。余結婚後，二家照舊風俗須會親，先君幕友出身，不知文學者，與況公格格不入，故特請名翰林沈淇泉太丈、名進士嘉興詩人金甸丞（蓉鏡）作陪客，況公於沈老殊泛泛而談，與金丈先只略談，後談至詩詞，二人大相互談為歡了。後金丈謂余曰，世稱朱、況，其實你丈人好，因朱年長，官尊，故名在上耳。聞馮君木丈告余云，蘇北興化李審言詳當世文學名家也，與況公二人嫌隙至深，況從不提及李名，而李見人輒痛詆不已云。但金壇馮煦（夢華）則最服膺況公者。」

《眉廬叢話》是況周頤晚年的著作，也是其最負盛名的掌故筆記著作。該書稿約撰於一九一三、四年間，況周頤在《續眉廬叢話》的前言中說：

> 癸丑、甲寅間，蕙風賃廬眉壽里，所撰《叢話》，以眉廬名。乙卯四月，移居迤西青雲里。客問蕙風：「《叢話》殆將更名耶？」蕙風曰：「客亦知夫眉壽之誼乎？眉於人之一身，為至無用之物，此其所以壽也。蕙風之居可移，蕙風之無用，寧復可改。」抑更有說焉：《洪範》：「五福：一壽二富。」蕙風之旨，將使二者一焉，其如青雲非黃金何。孔子曰：「富而可求也，雖執鞭之士，吾亦為之。」如不可求，續吾《叢話》

《眉廬叢話》刊登於《東方雜誌》第十一卷第五號（新曆一九一四年十一月一日），每期刊出數十則，至三百四十九則之後，因搬家之故，但沒改名，是為《續眉廬叢話》。繼續在《東方雜誌》刊登，至第十三卷第二號（新曆一九一六年二月十日）止。網上有見《眉廬叢話》者，除錯字極多外，並非全貌，因漏收《續眉廬叢話》之故。我曾翻檢當年《東方雜誌》

將正、續兩集合為「全編本」，總計五百一十六則。又原刊登於雜誌上只有斷句，並無新式標點，今乃重新點校。又原稿每則緊接在一起，並無小標題，閱讀搜尋不易，乃參考郭長保先生所加之小標題，以醒眉目，便於檢尋。該書況氏生前並未單獨成書出版，因此知之者不多也。新校本《眉廬叢話》（全編本）於二〇一六年五月出版，頗獲好評。

《眉廬叢話》之內容極為廣博，舉凡宮廷秘聞、官場秘事、金石考據、典章制度、學人風範、藝林趣談，無所不包。足見其人不僅是詞學名家外，其腹笥之豐，難望其項背也。正如〈況蕙風先生外傳〉一文所云：「先生併治金石文字，凡有碑版，無不羅致，得萬餘本，龍門造像得千餘本，至今獲存。又長於許氏《說文》，名聲韻訓詁，潛造精研。故其治碑版，並為淵源之學，兼工考據。於書自經籍百家，至於稗官家言，無不涉歷。讀書決疑，片言立折。」因此他所記述，或為史料獨特，為世所罕見者；或為他於茫茫書海中獨得之心血精華。再以他詞人之筆，含英咀華地寫出，自然不同於其他專寫掌故者，因他含有不盡之意在文字之外也。如他藉「顧千里、黃蕘圃拳腳相加」一事來對比他和王鵬運（半塘）之交往也。他云：「道、咸間，蘇州顧千里、黃蕘圃皆以校勘名家，兩公里閈同，嗜好同，學術同。顧嘗為黃撰〈百宋一廛賦〉，黃自注，交誼甚深。一日，相遇於觀前街世經堂書肆，坐談良久。俄談及某書某字，應如何勘定之處，意見不合，始而辯駁，繼乃詬詈，終竟用武，經肆主人侯姓極力勸解乃已。光緒辛卯冬，余客吳門，世經堂無恙，侯主人尚存，曾與余談此事，形容當時忿爭情狀如繪。洎甲辰再往訪世經堂，則閉歇久矣，為之惘然。憶余曩與半塘同客都門，夜話四印齋，有時論詞不合，亦復變顏爭執，特未至詬詈用武耳，往往指衣而別，翌日和好如初。余或過晡弗詣，則傳箋之使，相屬於道矣。時異世殊，風微人往，此情此景，渺渺余懷。」

況周頤與王鵬運同官中書，每於王鵬運之四印齋抵掌夜談，王鵬運對於況周頤詞之尖艷，常有所規誡。又以刻宋、元詞屬為校讎，十餘年間，王鵬運刻詞三十餘家，況周頤助之校勘者多。王鵬運更傳授心法，以「重、拙、大」之論教之，遂啟況周頤晚年《蕙風詞話》之作。他們二人是由文字訂交，而情逾手足者，因此當王鵬運去世時，況周頤深感椎琴之痛，輓曰：「窮途落拓中，哭生平第一知己；時局艱危日，問宇內有幾斯人？」悼哀之切，又云：「吾兩人十七年交情，若零星辭縷，數千言未可終。嗚呼！半塘以矣，余何忍復拈長短句耶？」一死一生，交情乃見。

況周頤另一部掌故著作《餐櫻廡隨筆》亦是連載於《東方雜誌》，是繼《續眉廬叢話》之後，從第十三卷第三號（新曆一九一六年三月十日）刊載，至同年十二月十日止（第十三卷第十二號）。共二百二十一則。其內容與《眉廬叢話》類似，涉及的層面相當廣泛。

例如，談到康熙末年，年羹堯任川陝總督、定西將軍，為經管西陲數省軍政的最高長官，靠著鐵血手段，短短時間，就在軍中樹立了威望。《餐櫻廡隨筆》記載，有一年的冬天，年羹堯出行，隨行的士兵把手放在轎子的扶手上面，大雪紛飛，年羹堯怕他們把手凍僵，在轎子裡下令「去手」，意思是你們把手拿下去吧，結果，眾將士一聽誤會了，大將軍讓我們去手，拿起刀就把自已的手給砍了，年羹堯要想喊停也來不及了，可見年羹堯令出必行的威勢。

另外龔自珍俯視一世，很少有人能入他的法眼。據況周頤《餐櫻廡隨筆》記載，龔自珍曾嘲笑自己的叔父龔守正文理不通，甚至嘲笑自己的父親龔麗正也只不過半通而已，不管是自視太高，還是目無尊長，他的言行都不是一個做兒子應該有的。而等龔自珍作古後，他也遭到了兒子龔半倫的奚落。他兒子動不動就拿出他的文稿，隨意改動。每當改稿之時，都預先將其父的靈位置於案前，每改動一字，都用竹鞭敲擊靈位道：某句不通，某字不通。因為你是我的父親，我才為你改正，使你不致欺矇後人，云云。

《餐櫻廡隨筆》一如《眉廬叢話》，在況氏生前並未單獨成書出版，此次據《東方雜誌》重新點校，並製作小標題，便於讀者檢尋，是繁體版的首次出版。其間也參考張繼紅簡體版的點校，特此致謝。

名報人張慧劍及其書：
《辰子說林》、《西方夜譚》

民初報壇有所謂「三張」，乃指張恨水、張慧劍、張友鸞三人也。有人說他們三人是兄弟，其實是大誤。三張雖然都屬安徽人，但張恨水祖籍安徽潛山，生於江西廣信府。張慧劍是安徽石埭人，張友鸞則是安徽安慶人，完全沒有血緣關係。「三張」中張慧劍、張友鸞同齡，皆一九〇四年生。張恨水年長九歲，一八九五年生，張慧劍、張友鸞均稱其為大哥，而且張恨水後來以寫小說聞名。

他們也被稱為「南京三張」，是因為他們三人都曾定居南京、都曾在南京辦報、又都十分熱愛南京。其中的兩位——張慧劍、張友鸞，身後也都安葬在南京郊區牛首山下。另有稱他們為「《新民報》三張」，則由於他們先後都曾在《新民報》主持筆政，把《新民報》辦得有聲有色，為《新民報》的發展做出卓越的貢獻。張友鸞在回憶文章中寫道：「抗戰期間，重慶《新民報》創刊，我拉恨水、慧劍參加，就有人說是『新民報三張』了」。

張慧劍（一九〇四～一九七〇）做為一個報人，很早就在報界嶄露頭角，他在抗戰前主編

《南京朝報》之副刊，時有新裁，動人耳目，一時之間洛陽紙貴，《朝報》銷數日增，無人不知有「副刊聖手張慧劍」矣。據報界同行華成章說：「其以《水滸傳》之三十六天罡為新聞界寫點將錄，筆調亦莊亦諧，語氣謔而不虐，因其交遊既廣，見聞尤多，一經描繪，似非又是，每引人作會心微笑，曾使當時白下（南京）新聞同業，每為啼笑皆非。」他評張恨水為「及時雨宋江」，有群雄之首風範；評張友鸞為「智多星吳用」，評自己為「花和尚魯智深」，評《中央日報》的社長為「大刀關勝」，批註曰「架子不錯」；評徐君武為「青面獸楊志」，批註曰「空學一身武藝，卻無識家，只落得天橋賣刀。」評張友鶴為「撲天鵰李應」，批註曰「小雖小，俺也是一莊之主」。（張友鶴為《南京晚報》社長，名氣不大），都可謂貼切妙極，令人捧腹大笑。

張慧劍最輝煌的時候是在抗戰時期，那時重慶《新民報》剛創刊，老闆陳銘德廣攬賢才，一時間張恨水、張友鸞、張慧劍齊聚一堂，時稱「三劍客」，隨後經張慧劍介紹，嶄露頭角的趙超構亦然加盟，人又稱「三張一趙」。有署名錚洵的曾撰文〈前塵回首憶「三張」〉說：「二十餘年間，報壇藝苑，論文筆雅暢，撰輯精嫻者，莫不推三張為巨擘。不佞曩客三都（北平、南京、重慶），濫竿報界，於此三子，夙接歡笑。」讚譽可見一斑。

張慧劍原名張嘉谷，生於清光緒三十年（一九〇四）安徽石埭（今石臺縣）一小康之家，兄弟五人，他最幼。他在初中二年級時，不幸患耳疾致聽覺受損。此時家道亦中落，在貧病交加中輟學，全靠母親教導，逐漸打下文學及歷史知識的基礎。此後他更奮發苦讀，除經史子集外，稗官野史、筆記遊記類，俱常一卷在手，終於自學成才。一九二三年開始，他撰寫筆記、小說等向報刊投稿，始用慧劍筆名，還向上海《商報‧商餘》和北京《輿論報‧翰海》投稿。早在二十世紀三十年代，張慧劍就已經以編輯報紙副刊成名。他先後工作過的報紙副刊有上海《民眾日報‧花花絮絮》，杭州《東南日報‧小築》、南京《南京日報‧人間味》、《南京晚報‧秦淮月》、重慶《時事新報‧青光》、上饒《前線日報‧戰地》、金華《東南日報‧筆壘》和蘇州《陣中日報》等副刊。一九三一年在南京編輯過《新民報》副刊《葫蘆》。他的大量文稿雖在多種報刊刊載，但長期來則以《新民報》為主要陣地，他在《新民報》連續工作近二十年。在《新民報》擔任主筆，曾編過重慶《新民報晚刊‧西方夜譚》、成都《新民報晚刊‧出師表》、南京《新民報晚刊‧夜航船》、《新民報‧駝鈴》。一九四九年五月主編上海《新民報晚刊‧晚會》。他深受《新民報》老闆陳銘德、鄧季惺的器重，他辦報筆鋒犀利，版面活潑，取稿精審，可讀性強，擁有穩定的讀者群。

張慧劍撰寫的文稿以文史為主，楔入現實生活，總數相當可觀，主要有《西方夜譚》（編著）、《辰子說林》、《微燈》（後改書名為《馬斯河的哀怒》）、《賽金花故事編年》等。一九五三年，張慧劍曾寫出傳記作品《李時珍》，後改編成電影劇本並拍成電影。一九五六年，北京人民文學出版社請他為吳敬梓的《儒林外史》作校注，他歷時半年，圓滿地完成了任務。一九五九年開始，已當選江蘇省作協副主席和省文聯委員的張慧劍在有關部門安排下，又著手編寫《明清江蘇文學人物年表》。這部書著錄明朝洪武元年（一三六八）至清朝道光二十年（一八四〇）之間，有關江蘇省文人活動的情況，包括他們的生卒、著述、繪事、交遊等。張慧劍考訂特別引用了大約一千五百種文獻資料，《年表》各條都注明出處，相當用心。

張慧劍學養深厚，涉獵廣博，《辰子說林》便是他的著作之一。該書是張慧劍於一九四一年到一九四五年期間，在成都《新民報》主編副刊時撰寫的專欄文章，抗戰勝利後在南京編輯成書。初版於一九四六年，是南京《新民報》文藝叢書之一。張慧劍生於一九〇四年，該年是農曆甲辰年，因而就取「辰子」為筆名。《辰子說林》全書涉及極廣，舉凡史實考辨、古今掌故、時局評論、遺聞搜尋、里巷稗史無所不包，雖每則僅數百字，短則只有百字，但屢屢有超人之眼識，精闢之見解。短小精煉，而令人回味無窮，有古代筆記小說餘韻。

張慧劍素以「副刊聖手」享譽報壇。《西方夜譚》是他在擔任《新民報晚刊》編輯時，將所負責的副刊專欄文章編選而成的文集。抗戰軍興，一九三七年十一月，《新民報》決定遷往重慶繼續出版。一九三八年一月十五日，《新民報》重慶版發刊；一九四二年十一月一日，重慶《新民報晚刊》問世；「西方夜譚」其實是《新民報晚刊》副刊的名字，當時重慶是在中國的西方，而因為是晚報，所以名為「夜談」。

《西方夜譚》被當為《新民報》文藝叢書的第八本出版，前面七本分別是張恨水的《八十一夢》、《巷戰之夜》、《大江東去》、《偶像》；張慧劍的《辰子說林》、趙超構的《延安一月》、趙敏恆的《倫敦去來》等。發行人陳銘德在《西方夜譚》的序言中說：「在『夜談』發表的諸多作品中，另外具有一個特色，就是史料與劄記特別多，這些作品儘管是回溯性的，而實際仍然與現實之一面有關，所謂『述故可以悟今』，作者大都是老於寫作的名手，技巧與內容的豐郁，是讀者所一致讚賞的，有若干且已被學校選為教材。許多讀者建議，將這些比較具有保存性的作品選出，另外輯為專書，做為本報『年刊』式的一種貢獻。這部《西方夜譚》，就是接受這一要求而產生的。」

正如陳銘德所說的，《西方夜譚》這本選集，作者約五十位；包括有知名的人物，如吳稚暉、高語罕、盧冀野（前）、潘伯鷹、老舍、張友鸞、易君左、夏衍、張慧劍（辰子）等等，另外還有一些使用筆名的文人，應該都是老於寫作的名手。例如被稱為「江南才子」的盧冀野是一位戲曲家，既搞研究也創作，他的小品文寫得非常好，在短短的四五百字裡，寫人狀物，信手拈來，餘韻迴盪，宛如他寫的散曲一般。我曾編輯他的小品文《柴室小品》四冊在秀威資訊出版過。本書中選的〈文壇散策〉，亦屬於文壇掌故類的短文，其中談到世人把李審言的「輕薄子玄猶並世」誤成「輕薄子雲猶未死」，而認為該詩是指況周頤（夔笙）的。盧冀野則認為當指劉師培（申叔），他說：「罵申叔無行，是為家國大事：與夔笙等不過私怨，何至形於筆墨呢？」確有其見地。而曾著有小說多種，後潛心於詩詞及書法，被稱為「狂人」的潘伯鷹，寫〈哀林庚白〉說他才在重慶和詩人林庚白見面，數天後庚白夫婦飛抵香港，不久為日軍所殺，死耗傳至重慶，他感嘆庚白「以其清才運氣，橫屍通逵。夫何天之酷也。」

《西方夜譚》的內容有許多是對於史事人物的回憶。從晚清的李鴻章、黃遵憲，乃至於陳三立（散原）、林庚白、蔣百里、蔡鍔、吳清源等等。寫人敘事都有獨特的觀點，有很高的史料價值。另外書中還有涉及時事，抒發個人所見的。例如，關於國民參政會中有人提倡恢復讀經，因此高語罕提出〈讀經問題〉：（一）經是什麼？（二）經的真偽如何辨識？（三）怎樣讀法？（四）什麼人應該讀它？（五）必須具備什麼條件始能讀它？這些問題，至今都仍是值得深思的問題。除此而外書中還有不少寫重慶生活、成都花會，農人日記、鄉居生活，也反映出當時社會的生活面。能讓人能見微知著，瞭解當時當地人們的生活。

難能可貴的是編者張慧劍能利用晚報副刊這小小的方塊文章，編出這樣精彩的文集，正如玄圃在〈晚報與雜文〉中說：「雜文也許是泥沙裡的碎金，也許是米麥中的粃粺，這要看寫作者的程度，但若以為雜文是可以隨隨便便寫得好的，那卻錯了。怎樣把長文短做？怎樣把深話淺說？怎樣使每一句話，甚至每一個字都能在紙上突起，不從人的眼角邊溜過？這是容易的嗎？讀的人不要花費多的時間，不要多的學識素養，但寫的人卻正因此而更要極豐富的常識，極深刻的思慮，讀的人有時不過是輕微的一笑，但這卻是從寫的人深厚的同情，強烈的忿恨，充實的經驗與反覆的觀察換取得來的。」七十多年後讀之，仍然發人深省。

詩、書、畫、文俱佳的陳定山和其《春申舊聞》、《春申續聞》

他是名小說家兼實業家天虛我生（陳蝶仙）的長子，他也寫小說，二十餘歲已在上海文壇成名了，他工書，擅畫，善詩文，有「江南才子」之譽。他和父親陳蝶仙，人們常以「大小仲馬」稱之。他就是陳小蝶（四十歲以後改名「定山」）。而陳定山一生也以其父為榮，他在寫於一九五〇年的〈桃源嶺十年祭〉文章開頭就這麼說：「父親：從您去世，整整的十年了。十年前，我們父子同在昆明，現在我一個人在臺灣。我記得世界第二次大戰勝利的消息，在雲南由羅家倫先生在司蒂威而公路上廣播，當時廣場上狂呼擲帽的有五萬餘人，而我的親愛的父親，你已含恨泉下，看不見了。你的下世，是中國社會的損失，不單是我們一家的悲哀。你用全力貢獻社會的工業，用精神貢獻社會的文化。直到今天我寵被著光榮，只要一提起『天虛我生之子』，人們就會對我另眼相看，甚至有肅然改容的，這不是敬我，而是敬我父親偉大的人格。我記得，有一次，坐飛機到重慶，機中有幾位學者，他們一致要我在手冊上簽名，我很慚愧說『不敢，不敢』。他們很不客氣的說，這不是為你，為你是『天虛我生之子』啊。最近在正中書局出版的高職國文，它在選了我一篇〈懷古家的新希望〉的作者項下注著『文學家天虛我生之子』，我真覺得何等可以自傲，我有這樣偉大的一位父親，甚麼名譽地位，人家都可以搶得去的，唯有父親是人家搶不去的。而我的父親是天虛我生。」

陳定山（一八九七～一九八九）原名蘧，出自莊周《齊物論》：「昔者莊周夢為蝴蝶，栩栩然蝴蝶也，自云適志與。不知周也，俄然覺，則蘧蘧然周也……」，因此又字小蝶。別署蝶野、醉靈生、醉靈軒主人，四十歲後改署定山。陳定山說：「我是杭州人，古籍錢塘，世居西湖……我的祖宅在瑞石山麓太廟巷口，相傳是南宋韓侂胄的南園一角，因此頗具花木泉石之勝。……我生之時，去古已遠，南園遺跡渺不可尋，但泉石的玲瓏、山林的位置，依然在目。先君把後園題名為一粟園，園中有個月波池，池畔有一座小軒，五色玻璃，朱欄四匝，迎面一巖，崖石壁立，有石竅，往往出云。先母燕室即依巖岫築，故號『蝴雲』。此軒據說原有趙子昂題匾，但早已失去，先君題名為惜紅軒，他第一部著作《淚珠緣》和《惜紅軒詩鈔》就在這裡產生，後來做了我的啟蒙書館，我常常對著一窗五色斜陽，靜聽姊妹們咿呀的書聲，為之忘倦。」

據曾永莉訪問晚年的陳定山說，他母親蝴雲女士（朱恕）在懷孕十二個月才生下他，母親也出自書香門第，亦能吟詠，父母親伉儷情篤。在陳定山的記憶中，父母結婚四十年間只吵過一次架，而且彷彿只為些家庭瑣事。「在幼小的定山先生眼中，父親是個傳奇人物。他的身材頎長，戴副金絲邊近視眼鏡，絲羅長衫外常加一件一字襟馬甲，手上輕搖一把灑金畫牡丹的團扇。小定山常想：待自己長大，必要像父親一樣的風度。」小時候，堂姊讀《幼學瓊林》，妹妹小翠讀《詩品》，陳定山卻能把她們的書同時背出。八歲時才華已然早發，塾師講解王勃〈滕王閣序〉，全文未講解畢，他已能朗朗上口。九歲已能提筆為文，自成風貌。十歲能倚聲，又喜歡唱崑曲，其父蝶仙常為他弄笛。

據學者趙孝萱的資料云：「陳定山十四歲入法政大學，聽聞教員瑣碎談論律師之訴訟等費，乃曰：『是非我所耐也。』之後赴上海另入聖約翰大學。入學後發現學生都捨國學而以英語相誇耀，又不悅而離去。當時其父蝶仙與父友鈍根正編《禮拜六》、《遊戲雜誌》、《女子世界》等，日日以小說家言相談。小蝶見而大喜，於是決定鑽研小說。先試譯著，仿林紓之法，由李常覺遍求英文小說，讀後口述。定山取歐西小說本意，以文言譯出。譯筆極為快速，據說每小時能寫兩千字。惲鐵樵當時主編商務印書館的《小說月報》，愛定山才華，多次敦請他寫稿，時年十七歲的定山竟能與五十幾歲的惲鐵樵成為忘年之交。」

陳定山的作品當時散見在上述各雜誌，尤其是周瘦鵑所編的刊物，《自由談》上固然不必談，《紫羅蘭》和《半月》，亦像沒有陳定山的大作就會減少銷路似的。即那一本周瘦鵑一人所寫的《紫蘭花片》，亦時常的有些定山的畫和詩。曾經被人目為雛鳳清聲，說定山的妙筆，更有過於蝶老先生。鄭逸梅說父子兩人合作的有《棄兒》、《柳暗花明》，刊於《申報》，明星公司攝為影劇。還有《二城風雨錄》、《嫣紅劫》、《間諜生涯》、《秘密之府》、《瓊英別傳》、《勃蘭特外紀》、《旅行小史》、《妍媸鏡》、《各國宮闈》。陳定山單獨的作品有《塔語斜陽》、《香草美人》、《蘭因記》、《餘味錄》、《蟲肝錄》、《菊譜》、《畫獄》、《江上秋聲》、《定山脞語》、《書畫船》、《醉靈軒讀畫記》、《醉靈軒詩文集》、《湖上散記》、《消夏雜錄》、《蝶野論畫三種》等。

鄭逸梅又說：「小蝶有時署醉靈生，因在杭居醉靈軒，軒本為其外祖父朱滌卿的漱霞舊館，小蝶讀書外家，乃宿於其間，有亭榭，有梧桐，他撰《醉靈軒記》，述其概況，如云：『予居是軒，梧桐一樹，亭亭若車蓋。當暑即展席桐下，雜置書硯，臥而吟哦，每風颸花落，恬然入睡，起而拂衣，襟袂間皆桐花也。』厥境清絕似畫。至於醉靈，那是小蝶取唐羅隱別朱慶餘宅『除卻難忘是醉靈』詩意以名之。林琴南曾許小蝶繪《醉靈軒讀書圖》，病甚劇，強起致書小蝶，謂：『老人今生不能從事矣！然平生知己，壽伯茀，高子益，最後乃得君三人耳！』書竣封郵，擲筆而卒，成為畏廬絕筆。」

一九一七年，陳定山父子研發國產「無敵牌牙粉」有成。一九一九年，陳定山以積蓄下來的二千塊錢稿費，在杭州清波門學士橋旁，買下明末「嘉定四先生」之一李流方的「墊巾樓」遺址做為別墅。陳定山說：「因用畫中九友的真蹟題名如：『染香』、『約庵』、『湘碧』、『思白』、『松圓』、『檀園』，來做了庭樹園囿的榜名。園成於一九三三年，我已是三十八歲了。先君極愛此園，名為『蝶墅』，楹聯悉出手撰，日寇侵杭，廿載經營燬於一旦，重葺草堂於斷橋，先君已棄世六年。曾幾何時又流離海島，西望無期，可為慟心。」

陳定山被譽為「以詩、書、畫獨樹一幟」的。據熊宜敬的文章云：「一九二〇年，陳定山廿四歲，見三姨丈畫梅極佳，興起學畫之念，姚澹愚告訴陳定山『畫必自習字始，能寫好字始能習畫』，於是陳定山以所寫書法向其請益，姚澹愚一看，便說：『子不羈才也，梅不能縛汝，其山水乎？』於是便傳授山水訣，是為陳定山正式習畫之始。」而後來陳定山更以書畫名家，論者曾評曰：「其畫在蝶野時期，以冷雋勝，筆墨無多，盡得天趣。四十以後自號定山，其筆墨於洗鍊以後轉趨繁復，千巖萬壑，氣韻無窮，蓋收子久、山樵、香光、麓臺為一家。又身行萬里，胸貯萬卷，故能變化於筆墨之外。詩書雅度，醇然自足。吳湖帆嘗稱蝶野畫仙乎仙乎，吳子深云吾平生於畫無所畏，獨畏定山，每一相見，必有新意，其造詣蓋如此。」

一九二〇年，陳定山與張嫻君結婚。一九二二年，獨子陳克言生於上海。一九二五年，陳定山與父親、妹妹陳小翠、妻張嫻君偕同友人紫綃、周瘦鵑、丁慕琴、涂筱巢、徐道鄰、李常覺等至蘇州遊太平山，鄭逸梅首次認識陳蝶仙，由他和程小青、趙眠雲作東道主。鄭逸梅還因此寫了〈天平參笏記〉一文，以記其事，該文發表在周瘦鵑主編的《半月》雜誌上。

一九二八年，張嫻君勸陳定山納鄭十雲為二夫人，十雲戲唱得好，是唱老生的。在孟小冬沒有貴為杜月笙夫人，還在上海唱戲時，因孟小冬病，十雲女士是代過她的戲的。居然也同樣的客滿，同樣的受人歡迎。孟小冬是余派（余叔岩）傳人，十雲女士有資格可以代孟小冬的戲，你想她在京劇上的造詣，會差嗎？

一九三四年，陳定山以世道紛亂，民不聊生，亟思對百姓生計有所奉獻，偶於浙江東陽之「定山」發現可以廣種桐樹以濟民，便擬定了種桐二千餘畝，以三年為期收成來改善當地農民生活的計畫，他的父親陳蝶仙認為此舉緩不濟急並不贊成，但卻對「定山」二字有感而發，對他說：「四十不仕，可以知止而後定矣。」於是刻了一方印章「定山一名小蝶」送給他。陳定山並於第二年在「定山」之巔築了一座「定山草堂」。

一九三六年，陳定山並在杭州西泠橋造「蝶來飯店」。蝶來飯店坐落在棲霞嶺南麓的低坡上，朝南的店門隔著馬路對沖西泠橋，飯店西邊緊鄰著古剎鳳林寺，東邊卻接著廣東勞氏的一大片松林墓地，四周透盡恬靜。飯店占地近三畝，客房卻只有幾間，裝修一流。飯店整個建築結構像個中西合璧的莊園，西式二層樓的客房散落在坡頂上，南面沿馬路築有花式窗櫺的矮牆，院中央植滿低叢和草坪，從店門大堂去客房要經過蜿蜒曲折、花藤朱欄的中式長廊。飯店開張那天，來了一場「蝶來秀」，專門從上海請來頂尖級的電影女明星胡蝶與徐來，因為各取她們名字中的一字，正好是「蝶來」，一時整個杭城為之轟動，大家都追到西泠橋邊看「蝶來」。

一九四〇年初春，父親過世後，當時上海已經淪陷，陳定山和母親、弟妹、妻小住在法租界金神父路（今瑞金二路）金谷村；一日半夜，被日本憲兵偕同法巡捕及翻譯押至蓬萊市監獄，強指他為重慶分子。其二夫人十雲女士，連夜趕到蘇州，找到好友影星徐來，「標準美人」徐來當時已改嫁給唐生明，十雲請求徐來幫忙，徐來因此「命令」唐生明去向當時人也在蘇州的「七十六號」特工總部主任李士群求援，李士群礙於人情，「強盜生善心」，立刻寫了一封信給十雲女士轉上海「七十六號」的副主任夏仲明，歷經七天後終於被釋放了。出獄時，憲兵隊長告訴陳定山從此不許用「小蝶」一名發表文章，於是陳定山從此以「定山」之名行世。

熊宜敬在〈才氣縱橫陳定山〉文中提到：當時陳定山在獄中，一日忽夢身有雙翼，飛翔於杭州西子湖上，只見碧波浩渺，湖中一峰峙立，四面紅牆圍匝，頗似「小瀛州」，而其間碧坊上以金漆書「華津洞天」四字。夢中的陳定山由天而降，進入碧坊中，只見山中種梅百本，水流花開，泉聲淙淙，忽見一女子迎面而來，手執一卷，向陳定山笑曰：「待子久矣，欲一觀此卷否？」陳定山含笑應之，遂於石桌之上展卷並觀，原來是一卷〈吳梅村畫中九友詩〉，至此，夢境已盡，醒來仍如歷歷在目。出獄後，陳定山將此夢告訴好友王季遷，王季遷建議將夢中所見繪出，陳定山便回憶夢境以圖為記。畫完沒多久，當年在浙江東陽定山種桐的場長胡志傑來訪，知道陳定山有買山之癖，即告知陳定山杭州西湖南屏山蓮花峰有一洞，風景奇絕，而且價錢甚廉，只須黃金十兩，陳定山聽了大喜，立刻付了款項託胡志傑買下。過了些時，亂象稍解，胡志傑便領著陳定山、鄭十雲夫婦至蓮花峰一遊；到了那兒，確實彷彿夢境，只是不見碧坊紅牆，一片荒隰；登山峰頂，只見峰巒回合，襟江帶湖，別有天地；忽聽足底有潺潺水聲，循聲下尋，只見一古洞，陳定山忽然大驚，原來洞中有一摩崖石碑，大書「華津洞天」四字，竟然與夢境全書一字不落，奇異至極。歸家後，陳定山又將此事告知王季遷，王季遷不禁大喜說：「上回你依夢境所繪之圖，我親眼所見，可為公證，這奇地我是否可與你共有？」陳定山回答：「不然，蓮花洞已載於《西湖志》中，不可為一、二人私有，不妨就以夢境中所見吳梅村畫中九友詩為傚，亦尋今之畫中九友共享此奇境。」於是兩人就同赴嵩山草堂找馮超然商量此事，馮超然、吳湖帆知道後皆大喜，同意以九友為集，此時馮超然女弟子謝佩真也要加入，先未得同意，然謝佩真對陳定山言：「君夢中不是有一女子攜卷待君同觀嗎？這女子正好由我為數。」馮超然聽了頗說有理，於是定此雅集之名為「華津畫社」，共十人，除了謝佩真共有九位畫家，分別是馮超然、吳湖帆、汪亞塵、賀天健、鄭午昌、孫雪泥、陳定山、王季遷、徐邦達，並向杭州市政府註冊。成立後沒多久即國共分裂，華津畫社就只剩下奇異夢境一事成為藝壇韻事了。

一九四八年秋冬之際，五十二歲的陳定山渡海來臺。先居北市連雲街，再遷居新生南路，室名「定山草堂」。一九五二年六月，遷居陽明山，居名「蕭齋」。

陳定山說：「從三十八年（一九四九）到四十八年（一九五九）我一直住臺北。為了生活，第一個拉我重為馮婦的是老友趙君豪兄，那時他和范鶴言、朱虛白兄創辦《經濟快報》，也就是現在的《聯合報》，我擔任副刊編輯《臺風》。第二位拉我寫作的，是吳愷玄先生，拉我為《暢流》雜誌寫稿。第三位是葉明勳主辦的《中華日報》，趙之誠兄主編副刊要我寫長篇，而刊出了風行一時的《春申舊聞》和《黃金世界》二部。接著便是耿修業兄主辦的《大華晚報》，要我為他寫最長篇小說《蝶夢花酣》，這一下，我就在臺北寫作一年。住在陽明山，四時有花木之勝，早晚有良朋之遇，倒也逍遙的很。最快活的是，《中華日報》臺北版，本仰給臺南版，自《春申》發刊以後，北版銷數激增而南部版反仰給於北版的轉載。接著是耿修業兄不時報告《大華晚報》因連刊載《蝶夢花酣》而銷數激增，向我『致敬』。」

陳定山對於京劇素有研究，他在上海的時候，曾經和上海聞人杜月笙、張嘯林一同票過戲。鏘鏘在〈略記陳定山先生〉文中說：「他住在新生南路的時候，我曾聽過他的妙奏。這一夜是定山先生設宴款客，被邀的除了余派名票寒山樓主等人以外，還有後來跌斃於鳳林酒家『做鬼也風流』的梅花館主。梅花館主歌《搜孤救孤》，定山先生則唱《白門樓》。中氣十足，連他的孫女兒亦不斷地一面拍小手一面說：『爺爺好滑稽得來』」。一九五一年，陳定山在北一女禮堂主持「春臺雅集」，戲從晚上七點開鑼，票友唱到隔天清晨三點，觀眾才依依不捨地離座歸去。這次雅集，主要的特色是「唱反戲」：平常唱青衣的，改扮武生；唱花旦的，改扮花臉，別具情趣。陳定山的小生戲，是經過一番切磋琢磨的。因為他跟姜六爺妙香，私交甚好，像《叫關》裡的「十指連心……」等句的唱法，都是韻味中蘊藏著情感聲色，較諸「聖人」有過之而無不及。據當時的報導說，像《醉寫》這種戲，近十幾年來是很少聽到的。但在定山先生的花甲大慶時，不但聽見他唱了大段的《醉寫》，而且還聽到他清歌了幾段《長生殿》的崑曲。都能給人深刻的印象，都能使人傾心嚮慕的。

鏘鏘發表於一九五六年的文章中說：「初到臺灣時候的定山先生是和名票羅企園合住的，旋入住過上海魚市場經理的唐纘之先生之家。那時候他還沒有想到把文章換錢，祇是寄情於書畫上，一度曾在《經濟時報》編過兩年的副刊。後來因為要他寫文章的人多，窮於應付，乃亦如職業畫家之訂潤格，你拿鈔票來我寫。目前產量甚豐，報上有他的文章，雜誌上也有他的文章，遠如菲律賓和香港，都有他的文章。文章之吃香，吃香到無遠弗屆。一度以他的口述試用過請人速記，但終不及他自己寫好。因此，他現在又很有規例的每天早上起來，就埋首書案。

文思潮湧，運筆如飛，快的時候，有一小時寫一千五百字的紀錄。通常是每晨七時寫到十一點鐘，很少有例外。照中國人的早衰情形而說，六十歲的定山先生很可能已有龍鍾之態，但他『嘴上無毛』，每天剃得光光的，依舊如當年的張緒，瀟灑飄然。大概就是這樣的緣故吧，所以他和七十歲的高徒秦子奇先生相對時，還會老興勃勃的高談風月。上年紀的人最容易使人討厭的，是老氣橫秋，定山先生的心情好像一直很年輕，於是人盡歸之，皆樂與之伍。而定山先生亦不以為煩，老少不拒，近我者都歡迎。因此不但秦子奇先生輒喜和他促膝談心，就是他的那個徒步未穩的孫女兒，也只要公公而不要爸爸了。」

一九五八年陳定山遷居臺中，（自此在臺中居住十八年，直到一九七四年才遷居臺北。）陳定山說到其中的原因，他說當時住在陽明山的情景：「這最有趣的：每當花季，載酒上山，識與不識，競來叩門相訪，於是我只好在蕭齋門外，貼一張告白：『主人不在』，但看花的人還是湧進來。有人在我的柴木門貼了一首詩：『何事主人常不在，柴門雖設莫長關』。於是我不得不下山，而搬到臺中。搬臺中的主動力，是一陣黛絲颱風，把我的蕭齋的直頂吹坍了，我抱著我的小孫女毛毛（學名舜華）從蕭齋走到國際飯店門口下山，一直下山。」

一九六七年三月間，有一天陳定山路過臺中自立街口，在一家豆漿店旁邊的平房門前，看到一幅對聯，上聯是「室比前人添一斗」，下聯為「樓觀對面起三層」，橫額寫的是「二斗軒」。這幅對聯，引用梁書「陶弘景有三層樓」的典故，而隱隱道出作者不受繁華所惑的心境。陳定山便寫了一首〈贈賣餅翁〉，請友人逢甲大學國文系楊亦景教授轉交給他，詩曰：

人間春到容高臥，門外車塵接轂長。
燈市春聲金鼓鬧，松棚火熄餅爐香。
牽門黃犬方為累，歷世紅羊換劫忙。
陋室何妨專一斗，看人四面起阿房。
閉門合署陳無己，也把新詞贈餅師。
日暖花鬚烘蜜蠟，天寒魚腦凍梅池。
喜聞鶯燕將雛至，懼致兒童積木危。
坐看東方青帝笑，種瓜得豆與春期。

詩前尚有一序：「鄰有賣餅翁，日炊一爐而止，日午則高臥不出。吾不知其名，字之曰道。丁未元夜，過其門，帖一聯云：『室比古人添一斗，樓觀對面起三層』。梁書：『陶弘景有三層樓』，翁固有道，且知書矣。」

沒想到這位賣餅翁收到陳定山的詩之後，詩興大發，立即用原韻和了一首〈餅師答〉：

天涯也有逢春日，柳眼垂青客路長。
啼鳥喚回金谷夢，勞人沽得玉壺香。

樓觀迴出三層傑，籠餅炊供十字忙。
二月玄都花怒放，謹將猿馬鎖心房。
貂裘不受崇高節，師道真堪作導師。
問字近鄰楊子宅，接籬遙見習家池。
太空詩境新開拓，小市生涯缺阽危。
容我逃秦淪賣餅，喜從空谷遇鍾期。

這兩首詩，一起刊於三月十九日《大華晚報》的「瀛海同聲」專欄中，傳為藝壇佳話。

陳定山來臺後，長時期在報紙副刊及雜誌上寫稿，筆耕不輟，出版多部小說集、詩集、掌故集、畫論、畫冊等等，均顯現他的多才多藝。一九七〇年左右，因當時任臺中靜宜女子文理學院中文系主任的好友彭醇士，身體不適，於是請陳定山代課，這是陳定山開始執教鞭之始，他在靜宜及中興大學教授詞曲課。一九七四年，在臺中居住十八年的陳定山遷居臺北永和，他說：「攜得晴空一片雲，來看臺北雨紛紛。」因居永和，自號「永和老人」，又因住在凱旋大廈七樓，所以別署「七層樓主」。同年，因弟子于大成教授任淡江文理學院夜間部系主任，聘他在臺北市金華街的淡江文理學院城區部執教一年。

一九七六年，陳定山作八十壽，好友張佛千特製二聯：

「小」米清才，身如彩「蝶」；
「十」分圓韻，響遏行「雲」。
「小」遊香國花迎「蝶」，
「十」畫眉山黛作「雲」。

巧嵌陳定山「小蝶」及二夫人「十雲」之名，並請黃杰及袁守謙書寫。黃杰還在第一首作跋：「定山先生今歲八十矣，賦詩作畫，顧曲飲酒，家情逸興，猶如少年，佛千斯聯，正所以晉不老之頌也。」陳定山讀此跋後大樂，曰：「有此一跋，吾雖老，亦顯此聯之切也。」而袁守謙所書寫者，以其特創之小聯，以錦緞精裱。陳定山對此聯情有獨鍾，壁間除其本人及十雲夫人之放大照片外，舊有字畫，皆不懸掛，僅懸此聯，並曰：「此聯雖小，但映照全面白壁，不覺其小。」

據張禮豪文章說，陳定山八十壽，「正逢張大千回國，二人相會，大千說陳定山看似六十餘歲而已，以後就稱『小兄』，而自言鬚白髯長，以後便叫『老弟臺』。知己重逢，自是歡欣，陳定山便作詩一首〈喜聞大千歸國〉以為記：『近聞歸國喜如何，雙袖龍鍾淚漬多。白頭兄弟存餘幾，青春鸚鵡尚能歌。廣留海外名千載，家在江南住永和。笠屐畫圖傳寫遍，無人不念志東坡。海外傳聞多病身，相看依舊健如春。蒼髯喜值蒼龍歲，白首重盟白水津。合具雙肩擔道義，獨留巨眼對乾坤。小兄老弟相稱謂，秉燭今宵最可親。』情意真摯，令人動容。」

一九七六年九月七日，陳定山元配張嫻君因病去世，失去奉獻一生的持家良伴，陳定山極為傷感。一九八三年八月三十日，夫人鄭十雲赴菜市場買菜，不幸發生車禍過世，享年七十三歲。十雲夫人與陳定山結褵五十年，亦夫亦友，死後陳定山甚念，集唐詩輓之曰：「多情自古空餘恨，報答平生未展眉。」一九八九年八月九日中午，陳定山以九五高齡在家中安詳過世。張佛千在〈故人情〉一文中說：「定老少時，即是十里洋場中的公子、名士，而又多才多藝，詩詞書畫、吹打彈唱、吃喝玩樂，無所不精；中年雖值多難，日本人來，遠徙昆明；共產黨來，渡海來臺，沒有受過一天罪，一生享福。但不幸到了八十一高年以後，十雲夫人竟以購菜遇車禍遽逝。定老有公子一，字克言，服務金融業甚久，定老於其婚後即命自建小家庭。今雖同在臺北，定省有時，但十雲夫人之賢慧體貼、出入扶持，相依為命之良伴，無可替代。朋輩宴會，我亦不敢相邀，老人受此寂寞孤獨的磨折逾十年，今乃以疾逝聞，享年九十五歲，殆真如佛氏之所謂『解脫』矣。」

筆者曾訪問臺灣師大附中美術老師陳薌普老師，她在一九七九年時因畫家歐豪年之介，拜陳定山為師，學習詩詞。每週日早上在永和家中上課，定山先生不講格律，要她先多讀書，並指定《唐詩三百首》、《世說新語》、《白香詞譜》等書，要她研讀，定山先生認為腹中要先有學問，再加上豐富的人生閱歷，方可寫好詩。中午時分，老師還要學生一起在家吃中飯。當時家中雖只有定山先生及十雲夫人兩人，但僕傭準備飲膳還是極為精緻，這也印證了定山先生是個美食家。這使我想起當年在上海他發起「狼虎會」（狼吞虎嚥的聚餐會）的情景，他在《春申舊聞》說：「尤其是發掘小吃館子，是本會的唯一工作。例如陶樂春發現時，僅為大舞臺對面一開間的四川抄手館子，靠扶梯三個賣桌，專賣搾菜炒肉絲，干燒鯽魚，和雞豆花湯。雅敘園是湖北路轉角靠電車軌道的一個樓下賣座，只賣油炮肚，炒裏肌絲，合菜帶帽帶薄餅，小米稀飯。小有天是小花園裡面的一家閩菜小吃，奶油魚唇，葛粉包帶杏仁湯，是他的拿手。……有許多小館子後來發現，直到勝利復原他們還保持著一開間門面的如：石路吉陞棧對面的烹對蝦，醬炮羊味。六馬路的魚生粥，石路上的肉骨頭稀飯，油條。德和館的紅燒頭尾，鹽件。泰晤士報三層樓的蟹殼黃，生煎饅頭。霞飛路菜根香的辣醬飯，浦東同鄉會隔壁的臭豆腐乾大王等等，直到我們三十七年（一九四八）來臺，它還是保持著原狀。至於梁園的烤鴨子，雲記的臘味。喬家柵的湯團舖，在敵偽時期還有了偽組織，那是王汝嘉的冒牌湯團，不是真正金家牌樓的分店。」定山先生真不愧是個老饕。

陳定山的畫風被歸類為「名士畫」，筆墨酣暢，自成家數。他的書法，張禮豪認為「從二王入手，也研究黃山谷，再向上學虞世南、褚遂良、又轉米元章；民國以來，心折於葉恭綽的書風。事實上，陳定山不論字與畫都扎實地自古人來，而後從古人出，最後將書畫之道與人品、生活相融，而自成一格，逸興遄飛。」

陳定山著作等身，早年與其父陳蝶仙合編《考正白香詞譜》（一九一八）。他的詩詞集有：《蝶野詩存》、《醉靈軒詩集》、《定山草堂詩二卷》、《定山草堂外集》、《蕭齋詩存》、《十年詩卷》、《定山詞三卷》等。至於小說集有：《留臺新語》、《五十年代》、《蝶夢花酣》、《大唐中興閒話》、《春水江南》、《駱馬湖》、《隋唐閒話》以及號稱「黃金世界三部曲」的《黃金世界》、《龍爭虎鬥》、《一代人豪》等。

陳定山又酷愛寫掌故，寫有《春申舊聞》、《春申續聞》。「春申」乃是指老上海，因戰國時代它是楚國春申君之封地，《春申舊聞》、《春申續聞》意思即是「老上海的風華往事」。陳定山從父輩起，便長居滬上，嫻熟上海灘中外掌故逸聞，他好京崑、工於書畫，又交遊廣闊，結識了老上海許多社會名流，目睹耳聞了老上海灘名流們的過往，故對老上海往事爛熟於胸，如老上海人如何過新年、吃西餐，或是「狀元女婿」指的是誰？「賭國詩人」又是何方神聖？他將老上海都會的人生戲幕，上至士紳名流、高官顯要，下及販夫走卒、戲子娼妓，一齣齣引人入勝的老上海風華放映在紙頁上。一代人事興廢，古今梨園傳奇，信手拈來，皆成文章，乃開筆記小說之新局，老少咸宜，雅俗共賞。

《春申舊聞》、《春申續聞》兩書，早已膾炙人口，但因絕版幾十年，儘管舊書店亦一書難求。今得其孫女授權，重新打字排版，並改正原書手民之誤。而原書排版太密，開本又小，閱讀甚為費力，加之篇名緊接一起，頁碼標示不清，搜尋不易。今放大開本，字體亦隨之放大，另外行距之間亦加大，每篇篇名另起一頁。全書為之舒朗而賞心悅目矣。

歐陽予倩與張謇、梅蘭芳在南通：
寫在《歐陽予倩回憶錄：自我演戲以來》之前

說到歐陽予倩他真是戲劇界的全才，從話劇、京劇到電影，從演員、編劇到導演，他樣樣精通。在一九四六年冬，他來臺灣在臺北中山堂演出，他自述云：「一九四六年，我和新中國劇社到了臺灣，最初演出了三個戲：《鄭成功》、《牛郎織女》、《日出》。此後因為一時找不到適當的節目，大家認為最好演一個歷史戲，就讓我把《桃花扇》寫成話劇本。我就躲在一個有溫泉的旅館裡，用十天功夫把劇本改好，排了七天，演出了四場。」可見其才慧之敏捷。

張謇（一八五三～一九二六）是中國近代史上一位具有重要影響的人物。胡適在《南通張季直先生傳記》的序中，就曾指出：「他獨立開闢了無數新路，做了三十年的開路先鋒，養活了幾百萬人，而影響及於全國。」張謇是中國近代實業家、教育家。字季直，號嗇庵，江蘇南通人。清光緒甲午科（一八九四）狀元，授翰林院修撰，時值中日甲午戰爭新敗，鑑於當時政治革新無望，他決心投身興辦實業和教育。一八九五年他在南通開始創辦大生紗廠。後又舉辦通海墾牧公司、大達輪船公司、復新麵粉公司、資生鐵冶公司、淮海實業銀行等企業，並投資江蘇省鐵路公司、大生輪船公司、鎮江大照電燈廠等企業。並先後創辦通州師範學校、南通博物苑、女紅傳習所等。他認為實業、教育才是一國「富強之大本」。他曾參與發起立憲運動，一九〇六年成立預備立憲公會，一九〇九年被推為江蘇諮議局議長，為清末立憲運動主要代表之一。辛亥革命後任南京臨時政府實業總長但並未就職，他擁護袁世凱，並組織統一黨與國民黨對抗。一九一三年任袁政府農商總長，一九一五年因不滿袁世凱公然恢復帝制，始辭職南歸。在南通繼續辦理實業和教育，提倡尊孔讀經，抵制新文化運動。一九二五年大生紗廠因虧損嚴重被接管，次年八月病逝。著有《張季子九錄》、《張謇函稿》、《張謇日記》、《嗇翁自訂年譜》等。

張謇在以恢宏的業績成為中國早期現代化事業的開拓者的同時，他也傾心傾力地提倡戲劇改革和戲劇教育。其實早在二十世紀初，張謇就曾提出吸收西學、改革舊文化的主張。當代著名的戲劇理論家張庚教授在《張謇與梅蘭芳》一書的序中說：「作為我國近代先驅者的嗇公，晚年猶致力於『建設一新世界雛型』，即以南通自治之成就示範全國。他是實業與教育並舉。而戲劇，『不僅繁榮實業，抑且補助教育之不足』，故擬在南通也把戲曲事業開創起來。季直先生雅好崑曲、京劇，然對舊戲曲之弊病亦深有體認。他認為，戲曲之發展，『訂舊』與『啟新』二者不可缺一。『訂舊從改正腳本始，啟新從養成藝員始。』人才是關鍵。沒有新的藝術人才就不可能有新的戲曲藝術。所以他既要建造新式劇場，還要興辦新式戲曲教育。」

張謇是晚清時「恩科」狀元，有著很深的文學造詣，對於戲劇也有獨到的見解。一九一四年張謇與梅蘭芳初識於北京，當時，張謇任北京政府的農商總長兼全國水利局總裁，梅蘭芳在戲劇界聲名鵲起，馳譽京滬。而梅蘭芳在一九一三、一四年兩次赴上海演出後，決心改良舊劇，創演新劇，塑造新的舞臺形象。梅蘭芳在《舞臺生活四十年》談到這個因由時說：「我初次由滬返京以後，開始有了排新戲的企圖，過了半年，對付著排出了一本《孽海波瀾》。等到二次打上海回去，就更深切了解了戲劇前途的趨勢是跟觀眾的需要和時代而變化的。我不願意還是站在這個舊的圈子裡不動，再受它的拘束。我要走向新的道路上去尋求發展，我也知道這是一個大膽的嘗試，可是我已經下了決心放手去做，它的成功與失敗，就都不成為我那時腦子裡所考慮的問題了。」張謇愛惜人才，樂於獎掖後進，對梅蘭芳的謙誠及良好的藝術素質，更加讚賞，曾多次寫詩給他，以示鼓勵。一九一六年十月梅蘭芳第三次赴滬演出，張謇聞訊，也來上海，命人持函約梅蘭芳相見，梅覆函應允拜會。會見當日，張謇借友人住宅設宴款待，同赴宴會的還有王鳳卿、姜妙香、姚玉芙等人。張謇稱讚梅蘭芳演藝的精進，同時對他的《黛玉葬花》劇中〈看西廂〉一段的一些細節提出質疑。由此看出張謇對梅蘭芳在演藝方面的見解，還是很內行的。

張謇崇尚教育救國，他看中了戲曲通俗娛人、開啟民智的特殊作用，因此早就著意於辦戲校，造劇場。但此事必須由內行的人來操辦，張謇首先想到的是梅蘭芳。張庚教授認為，其時，張謇雖認識梅蘭芳已有四年，從北京到上海，多次觀賞過梅蘭芳的演出，且私下也略有接觸。張謇認為：在南北梨園界，梅蘭芳是最有希望的青年。他不僅看重梅蘭芳的天賦條件和藝術才華，還十分喜愛梅蘭芳的溫潤謙誠的品性，視梅蘭芳如「赤水之珠，瑤華之玉」，並有決心：「願將香海雲千斛，常護阿難戒體清。」直把梅蘭芳當作自己的弟子，要常加呵護，以助其成功。因此在一九一七年七月張謇贈梅蘭芳詩中就有「老夫青眼橫天壤，可憶佳人只姓梅。」的句子。張謇為辦戲校，曾多次寫信給梅蘭芳，就師資、學員、經費、教育，等方面跟梅蘭芳反覆商討，其中有封信說：「世界文明相見之幕方開，不自度量，欲廣我國於世界，而以一縣為之嚆矢。至改良社會，文學不及戲劇之挺，提倡美術、工業不及戲劇之便，又可斷言者。」一九一七年十月他致梅蘭芳函更云：「吾友當知區區之意，與世所謂徵歌選舞不同，可奮袂而起，助我成之也。」梅蘭芳也深知此事的重要，然因當時的心思全在舞臺藝術上，又有畏難的情緒，因此婉言謝絕了張謇的邀請。後來辦戲校這事就由歐陽予倩來承擔了。

歐陽予倩（一八八九～一九六二）原名歐陽立袁，原籍湖南瀏陽人。一八八九年五月一日出生於書香官宦家庭。祖父歐陽中鵠曾任廣西桂林知府，是晚清著名學者。當年戊戌變法的主要人物譚嗣同、唐才常都是歐陽中鵠的學生。所以歐陽予倩從小就受到良好的古文教育和維新派思潮的影響。一九〇四年他赴日本留學，先後就讀於成城中學、明治大學商科、早稻田大學文科。在日本學習期間，他苦讀在校課程，還抓緊時間飽讀易卜生、莫里哀、莎士比亞等世界大師的劇作，以及日本現代作家菊池寬、武者小路實篤等人的作品。在表演藝術方面，他曾向以細膩表演著稱的日本著名演員河合武雄學習。一九〇七年在東京加入中國最早的話劇演出團體——春柳社，與李叔同（即弘一法師）及其他成員，共同演出了由曾孝谷根據斯托夫人的小說《湯姆叔叔的小屋》編創的話劇《黑奴籲天錄》。這是中國人演出的第一個完整的話劇，當時也稱為「文明新戲」。一九一一年回國，組織新劇同志會、文社、春柳劇場等新劇團體，成為中國話劇運動的開拓者之一。

大約在一九一二年間歐陽予倩來到上海，起初他在上海恢復留日時期創辦的「春柳社」，致力新劇。後來他對京劇發生了興趣，曾加入「春雪社」票房，和江夢花、林老拙、吳我尊、王頌臣、羅亮生、朱鼎根等人一起研究京劇。「春雪社」的教師是邵濟舟，琴師是張翰臣，歐陽予倩的戲是學的余紫雲（清末名旦、余叔岩的父親）那一派，他因為林老拙的關係而有機緣得當時在上海做寓公的票友林紹琴指點。林紹琴是福建人，曾正式拜余紫雲為師，得余真傳。同時歐陽予倩的戲也得到過名旦陳祥雲的指點，也曾向吳我尊學過京劇，他和吳我尊是留日的同學。一九一五年歐陽予倩下海，成為京劇職業演員，初臨丹桂第一舞臺，後搭亦舞臺和天蟾舞臺，演唱的都是余紫雲那派的青衣正工戲，如《玉堂春》、《祭塔》、《祭江》、《落花園》、《教子》、《彩樓配》等。後來應夏月潤之邀，參加九畝地的新舞臺，開始編排新戲，尤多取材於《紅樓夢》劇目，如《葬花》、《補裘》、《撕扇》、《送酒》等，俱做古裝，別開生面，使當時的京劇觀眾耳目為之一新。陳祥雲和他同臺配戲，讓演出更是生色不少，尤以《黛玉葬花》一劇最負盛名。歐陽予倩還在從不演唱京劇的外國人開的「謀得利」戲院演出過，當時報上讚揚他：「嗓音極佳，即剛且雋，雖扮相平平不及梅，好在歐戲注重做工表情，不以色媚人。」此時歐陽予倩聲譽日隆，與梅蘭芳不相上下，遂有「南歐北梅」之稱譽。梅蘭芳在《舞臺生活四十年》曾經談到：「我是在北京排『葬花』，上海也有一位排『葬花』的，就是歐陽予倩先生了。我們兩個人一南一北，對排紅樓戲，十分有趣。」但據曹聚仁說梅蘭芳演的只有《黛玉葬花》、《千金一笑》、《俊襲人》、《怡紅群芳開夜宴》四齣，而歐陽予倩演出的有《晴雯補裘》、《黛玉葬花》、《饅頭庵》、《寶蟾送酒》、《鴛鴦剪髮》、《黛玉焚稿》、《負荊請罪》等九齣，遠超過梅蘭芳。

這時期，歐陽予倩不僅編演京劇紅樓戲，還同時演出話劇，而且不時發表自己對戲劇發展的看法。一九一八年歐陽予倩在上海日本人辦的《訟報》上發表了〈予之戲劇改良觀〉一文，他在文中除感慨「今日之劇界腐敗極矣」之外，還提出了改革的主張：一是劇本「貴能以淺顯之文字，發揮優美之思想」。他認為「劇本應當有美的具體化的情緒，有適合時代的中心思想，有詩的文辭，劇的行為，有鮮明的性格，有表演的技巧，須求整個的完成，不取片段的齊整。」；二是「須養成演劇之人才」，組織俳優養成所，募集十三、四歲學童訓練之。他的第二條意見正好與張謇不謀而合。張謇知道歐陽予倩藝通中外，又對創辦戲校有一套設想，於是就派人邀請歐陽予倩到南通晤談。一九一九年五月歐陽予倩應邀赴南通，商談後，歐陽予倩接受張謇聘請到南通創辦伶工學社。

張謇對邀請歐陽予倩來主持伶工學社校務，是寄予厚望的。他在給梅蘭芳的信中就這樣寫道：「予倩文理事理皆已有得，意度識解，亦不凡俗，可任此事。」可見他對歐陽予倩的學識、人品和才幹是相當滿意的。因此，張謇給予了歐陽以極大的信任，先是派他偕薛秉初等人上北京為伶工學社招收學員，接著又前往日本考察新式劇場及管理制度。回國後，讓他主持伶工學社的校務工作，又負責對更俗劇場的圖樣審定。更俗劇場落成後，又由他主持制定了劇場的規章制度，全面負責劇場的行政管理。而歐陽予倩也深感張謇對他的器重，遂以自己卓越的才識和踏實的工作，把伶工學社和更俗劇場的工作搞得有聲有色。

南通伶工學社初創時，只側重崑曲，延清末南方崑曲名旦施桂林任教。歐陽予倩到校後，改以教授京劇為主。並進行改組，張謇掛了個校長名義，由歐陽予倩任副校長，負責實際工作，兼教青衣和新劇，吳我尊擔任教務主任，戚豔冰擔任訓育主任兼編導，趙玉珊講中外戲劇史，聘請名家趙桐珊（芙蓉草）、馮春航（小子和）、高秋萍、潘海秋等人為教授兼編導。教師有教老生的程君謀、張彥芝，教文武老生的張榮奎，教武生的張德祿、周慶恩，教老旦的文容壽，教武旦的水上飄，教花臉的劉鐘林，教丑角的賀雲祥，以及潘海秋兼教小生，馮子和兼教花旦，施桂林、薛瑤卿、陳阿寶教崑曲，此外還聘請劉質平、潘伯英教音樂，陸露沙教美工，和一位女教師教舞蹈，可謂行當齊全，人才濟濟。

南通伶工學社可說是中國最早的一所培養京劇演員的新型學校。它不同於舊科班的地方，是採用現代教學方法。歐陽予倩親自擬訂了學校簡章和各種制度，他宣佈伶校是「為社會效力之藝術團體，不是私家歌僮養習所」；「要造就戲劇改革的演員，不是科班」，學校並廢止任何體罰。學制為七年，五年畢業，實習義務二年。招收學生年齡十一歲至十三歲，要求有高小文化程度。歐陽予倩創辦伶校，是為了改革舊劇、創造新劇，培養一批有思想、有知識的演員。因此在課程設置方面，是戲曲專業教育與文化教育並重。根據扶海生〈南通「伶工學社」追憶〉一文（一九三八・十・二〇《十日戲劇》三十五期）說：「科分：崑曲、京劇、音樂（國樂、洋樂）、新劇（話劇）。此外兼授國文、洋文、書畫（國畫、洋畫、臉譜）、中外戲劇史、珠算、時事常識各課。星期日下午在校，彩排實習，每朔望，赴『更俗』演日戲二次。自八年（一九一九年）起，每晚令高級生赴『更俗』輪演。逢新戲則全體合演。」

而歐陽予倩為了讓課堂教學與舞臺實踐兩相結合，在創辦的伶工學校時，就著手劇場的建造。劇場建在南通桃塢路西端，於一九一九年夏天動土，劇場有兩層，約一二〇〇個座位。以日本、上海的新式劇場為參考，其設備在當時確屬第一流的。同年重陽節劇場落成，取名「更俗劇場」，意思是除舊佈新，移風易俗。劇場臺前掛有張謇所書的對聯曰：「真者猶假假何必非真，看諸君粉墨登場領異標新，同博尋常一笑粲；古或勝今今亦且成古，歎三代韶音如夢穹本知變，聊應斟酌百家長。」另有其子張孝若的對聯曰：「好樂其庶幾，鐘鼓之聲管籥之音，請言乎與人與眾；立方以感善，鄉里之中閨門之內，同聽者和順和親。」將寓教於樂的深意，表現其中。

一九一九年十一月，更俗劇場舉行開幕儀式，張謇特地邀請梅蘭芳劇團擔綱演出。他雖然曾婉謝張謇邀他主辦戲校，但對張謇籌建戲校的舉措是很支持的，如今張謇邀他作開幕演出，當即欣然應承。當時他正在漢口大舞臺演出，演唱完後，馬上與朱素雲、姜妙香、姚玉芙以及齊如山、許伯明等坐上江輪直達南通。當夜，張謇就設宴為梅蘭芳一行接風。

第二天，張謇請梅蘭芳一行參觀伶工學校和更俗劇場。梅蘭芳稱讚伶工學校在那時南方，是開風氣之先，唯一的一個訓練戲劇人材的學校。接著，歐陽予倩陪同梅蘭芳一行去參觀更俗劇場。當前臺經理薛秉初把梅蘭芳、歐陽予倩等人迎到這裏，梅蘭芳一抬頭就看到了高懸著的「梅歐閣」橫匾，並且認出乃出於張謇的手筆，對張謇如此的厚意十分感動。步進屋內，左右壁上掛了梅蘭芳和歐陽予倩的照片，以示珠聯璧合。旁邊還掛有一副張謇自撰自書的對聯：「南派北派會通處，宛陵廬陵今古人。」南派、北派指歐、梅各自代表的京劇南北兩派，宛陵是指宋代詩人梅堯臣，廬陵指宋代詩人歐陽修，下聯以梅堯臣、歐陽修的籍貫暗切梅蘭芳和歐陽予倩的姓氏，張謇以這種獎掖方式，倡導和衷共濟，促進南北藝術之交流、融通，才有利於戲曲事業的繁榮進步。「伶史同與時代新，領袖正須英絕人。」在張謇心目中，梅蘭芳與歐陽予倩都是能把戲曲推向新時代的英傑。據張謇之子張孝若解說，張謇之所以建此梅歐閣，是認為「梅蘭芳、歐陽予倩的各樹一幟」，「有調和聯合、共圖中國戲劇改良、光明藝術之必要」。而梅蘭芳也回憶說，這個梅歐閣乃是張謇為了「紀念」他和歐陽予倩兩位的「藝術」而設的。可見，張謇是將歐陽予倩與梅蘭芳看作他的左臂右膀的。張謇還作一詩來表達其中含意，詩云：「平生愛說後生長，況爾英蕤出輩行，玉樹謝庭佳子弟，衣香荀坐好兒郎。秋毫時帝忘嵩岱，雪鷺彌天足鳳凰。絕學正資恢舊舞，何君才藝更誰當。」

那天晚上即舉行開臺演出，梅蘭芳的戲目是《玉堂春》。梅蘭芳、歐陽予倩同臺獻藝十日。在十天光景裡，與梅蘭芳同臺的有王鳳卿、姚玉芙、魏蓮芳、李壽山、姜妙香等，演的戲碼有崑曲《佳期》、《拷紅》、《思凡》，新排的京戲《嫦娥奔月》、《木蘭從軍》、《千金一笑》等。特別有意思的是，梅蘭芳和歐陽予倩同臺演出了《思凡》、《琴挑》等名劇。梅蘭芳雍容端莊，圓潤甜美，歐陽予倩淡雅俊美，清越舒展，各具風格，張謇的兒子張孝若形容是：「二妙一臺收，陽春白雪流。」而觀眾也目睹了「南歐北梅」的多姿風采。一九二〇年一月十三日，張謇在日記寫道：「觀浣華（即梅蘭芳）《葬花》、予倩《送酒》，可謂異曲同工。」此外，張謇在看了歐陽予倩演出的《送酒》、《愛情之犧牲》、《饅頭庵》、《一念之差》和《青梅》等劇及梅蘭芳演出的《葬花》、《驚夢》、《千金一笑》、《女起解》、《鬧學》、《木蘭從軍》、《嫦娥奔月》、《奇雙會》、《醉酒》、《琴挑》時，都分別寫下〈傳奇樂府〉以抒其觀後之感想。一些戲劇愛好者，也以雋詞妙句稱頌。張謇為此編印了《梅歐閣詩錄》記此盛事。

梅蘭芳在南通的演出十分轟動，劇場天天爆滿，張謇本想多留梅蘭芳幾天，無奈他已接受了上海方面的邀請，只能依依不捨地離開南通。一九二〇年一月二十四日，梅蘭芳仍由大和輪送至浦口，臨行時，張謇及地方士紳送至城外「候亭」（張謇為梅蘭芳來南通而趕建的），並有〈候亭送梅郎二絕句〉詩云：「昨日來時江有風，今朝歸去日融融。天意為郎除恐怖，明年歡喜到南通。」及「緣江大道接郊坰，碧瓦朱楣跨候亭。今日送人開紀念，平原草白麥苗青。」兩首詩。

同年五月二十六日，梅蘭芳第二次到南通，同行的還有王鳳卿，仍是張謇派專輪去迎接。

這次梅蘭芳在南通只演出三天，劇目有《天女散花》、《玉簪記》、《黛玉葬花》、《嫦娥奔月》等，二十九日晨便因祖母電促匆匆離開。梅蘭芳寫了三首唱和詩，感謝張謇的情意。其中一首寫道：「積慕來登君子堂，花迎竹戶當還鄉。老人故自矜年少，獨愧唐朝李八郎。」另一首寫道：「公子朝朝相見時，寓中日影到花枝。輕車已了尋常事，接坐方驚睡起遲。」第三首是：「人生難得是知己，爛賤黃金何足奇。畢竟南通不虛到，歸裝滿篋嗇公詩。」對張謇的厚愛，充滿感激之情。兩年後，一九二二年六月十日梅蘭芳第三次到南通，當晚即演出一場，次日又連演兩場，因正在組織「承華社」的事務緊迫，演出後，即離開南通返京。此行主要是為慶賀張謇七十大壽，雖然來去匆匆，但張謇還是陪梅蘭芳參觀了伶工學社的新校舍。

張謇與梅蘭芳最後一次晤面是一九二四年初，張謇因事去上海，恰逢梅蘭芳在滬演出。應邀連看三場，劇目依次是《紅線盜盒》、《霸王別姬》和《洛神》。張謇看後連連稱讚梅蘭芳的藝事精進及其塑造舞臺形象的超凡能力，並對三劇中待完善之處，提出了商榷意見，尤其對《洛神》一劇，從排場、語言到道具等處均涉及到，希望它成為神話歌舞的開創性作品。一月十七日張謇離上海回南通後，又寫下〈喜晤浣華旋別〉詩一首贈給梅蘭芳。梅蘭芳早有赴美演出計劃，他曾寫信徵求張謇的意見，張謇回信說：「此行為名為利，須先審定；即云為名，為一人之名，為一國之名，須先審定；為一人之名，則助少效薄，為一國之名，則助多效大，須審定。須知何劇合歐美人觀念心理，不宜單用二簧。劇本恐須改編，不合外人觀念的，須刪節潤色。」許多層面張謇都想到了，可見他是如何高瞻遠矚的。一九二四年，張謇還特為梅蘭芳擬定了「出行大要」十四款，囑望梅蘭芳此行「能代表一國之美藝」，為國爭光。可惜的是梅蘭芳後來延遲出訪，等到他一九三〇年訪美成功歸來時，張謇已辭世四年矣，沒來得及共享他的榮耀。

一九二六年八月二十四日，張謇因病去世，噩耗傳到北京，梅蘭芳當即致電其子張孝若：「太翁仙逝，至深哀悼，謹唁。」唁電雖極簡短，但失去一位彌足敬重的良師益友，梅蘭芳心中的悲傷，是難以用文字來表達的。

張謇與梅蘭芳相識相交於那個年代，儘管他們各自的社會角色不同，年齡也相差近四十歲，但客觀條件的差異，並未妨礙他們為弘揚傳統戲曲藝術而建立起的情誼。他們這段忘年之交，迸發出的美好燦爛的光芒，促進了中國傳統戲曲藝術的改革發展，無疑是他們交往中最可寶貴的。

反觀之，歐陽予倩在南通主持校務三年，這是他對京劇改革的初步實踐，但在當時的社會，他的主張必然遇到曲折和障礙。在他和張謇友誼甚篤之時，就有不期之憂。一九一九年十二月，歐陽予倩給袁寒雲的信就有「懼不克終」的字眼，沒想到卻一語成讖，在一九二一年底，歐陽予倩終於懷著極端失望的心情，把校務交給了吳我尊，毅然離開南通，重返舞臺。他在《自我演戲以來》一書中不無感慨地說：「我到南通住了三年，本抱有幻想，不料一無成就，……唯有抱著無窮的煩悶，浮沉人海而已！」。

究竟是何原因，使得張謇與歐陽予倩終至不歡而散、分道揚鑣呢？歐陽予倩在《自我演戲以來》書中說：「張季直待我不錯，我也以長者尊敬他。不過彼此思想很有距離，他到底不失為狀元紳士，我始終不過是一個愛演戲的學生罷了。」學者欽鴻則指出兩人的思想差距：「張謇言之鑿鑿，他要改的主要是舊劇中『地理歷史』方面的『舊之謬誤』和『風俗人事』方面的『舊之卑劣粗惡』，可見其主張更多的還是一種戲劇的改良，而不是根本性的改革；他所提倡的『通俗之教育』和『勸懲』（即勸善懲惡）。而歐陽予倩則不然，他十分強調戲劇『代表一種社會，或發揮一種理想，以解決人生之難問題，轉移謬誤之思潮』，也即注重戲劇的教育作用、對於社會人生的干預作用。因此張謇與歐陽予倩兩人的合作，一開始就隱藏著深刻的矛盾，只是當時為改革舊劇的共同熱忱所掩蓋而已。但隨著合作的深入、事業的進展，這種矛盾的愈益突出而尖銳，是勢所必然的了。」

除此而外，學者欽鴻更提出了張謇與歐陽予倩在藝術趣味上是有所歧異的，他說：「歐陽予倩先學話劇後攻京劇，而且比較注重藝術上的革新，敢於大膽突破陳規，以順應時代要求。而張謇則比較喜歡梅蘭芳端莊典雅、優美俊秀的表演風格和精雕細刻、嚴謹唯美的藝術追求。因此儘管如張孝若所說，張謇『對於梅蘭芳、歐陽予倩的各樹一幟，都覺得有調和聯合、共圖中國戲劇改良、光明藝術之必要』，但從個人的藝術趣味來說，張謇在梅蘭芳與歐陽予倩兩人中顯然更喜歡前者。故而他在考慮伶工學社主持人的人選時，首先想到的就是梅蘭芳，後來之所以會定為歐陽予倩，完全是因為梅蘭芳未予應允，他在不得已之下才退而求其次的。在歐陽予倩主持伶工學社和更俗劇場期間，張謇仍然與梅蘭芳頻頻通信，向他通報情況，與他討論問題，還一再邀請他赴南通演出。一九二〇年二月六日，他更致函梅蘭芳，表示打算聘任梅蘭芳為『伶工學社名譽主任』。由此可見，他縱然已經與歐陽予倩攜手合作，但從他內心裡說，梅蘭芳仍然最佳人選。反而言之，這其實也透露出他對於歐陽予倩的某種不滿意。」於是後來有人在張謇面前屢進讒言，挑撥他與歐陽予倩之間的關係；有人妖言惑眾，煽動不明真相的著名演員蓋叫天尋畔鬧事；還有人暗箭傷人，背地裡寫信攻擊歐陽予倩是「亂黨」，如此等等。這就使歐陽予倩忍無可忍而萌激流勇退之意了。

雖是如此，歐陽予倩主持南通伶工學校校務後，培養出一批比較優秀的人材。如李錦章（即梅蘭芳五大弟子李斐叔，後為梅蘭芳的秘書。）、戴衍萬（南通人，歐陽予倩劇作《人面桃花》的最早演出者，後來改行，做了電影演員。）、葛准（先學武生，後改小生，臨張季直書極神似，演《人面桃花》劇中小生，以能當場揮毫而聞名，離校後改名「次江」。滬戰期間，曾在歐陽予倩領導的「中華劇團」演唱改良平劇。）、林守治（南通人，原學青衣，後從趙桐珊學花旦，離校後改名秋雯，旋去北京拜王瑤卿為師，曾與荀慧生、馬連良合作，名噪一時。）、趙培壽（即解放前長期在上海黃金大戲院搭班的趙志秋，原學老生，後師趙桐珊改唱小生。）、汪家德（南通伶工學校出身的唯一丑角，始終留在南通，是更俗劇場——今人民劇場的基本人員。）。歐陽予倩還是功不可沒的。儘管如此，在梅歐閣建成四十年之後，也就是一九五九年的七、八月間，梅蘭芳和歐陽予倩

都曾題詞、題詩予以紀念。他們回憶著四十年前，同在南通同臺演劇的情景，往事歷歷，

如在目前，正如梅蘭芳的題詩中寫道：

南通佳氣多氤氳，人民政府舉政勤。故場重修梅歐閣，馳書千里來徵文。
文拙才微不得辭，新陳跡象縈我思。四十年前建閣初，客遊是邦周覽之。
憶昔我與歐陽子，後先見招皆蒞止。粉墨生涯二人同，笙簧格調諸公喜。
有鄉先生能賞音，折節交到忘年深。為題小閣揮巨筆，欲使輕材登藝林。
宛陵廬陵兩宋賢，託古姓氏以喻今。斯際我儕識宏獎，悚惶詎免望於心？
自從奔波淹歲月，消息不聞聽消沉。幸哉盛世老獲睹，天清地寧咸鼓舞。
昔也衣冠優孟輕，今也教育師資伍。滿眼萬端經緯新，工農生產躍進真。
六億黎元欣作主，五洲兄弟倍情親。誰云滄海一粟渺，鞠部有責為功臣。
鯫生齒衰敢懈怠？日沾雨露回青春。南通人民意何厚？搜羅寵眷及兩叟。
誠知愛閣由愛人，勖其效忠明時久。我為此事頻蕤結，光榮黨與往者別。
淺言還報出肺肝，感惠揚仁不須說。歐陽吾友仍康強，大家庭中俱就列。
貢獻常忘艱巨增，辛勞復可晨昏徹。凡百遵循黨領導，區區素志堅如鐵！

從題詞、題詩中，我們可以親切感受到梅、歐之間的深厚友誼以及兩位大師為中國戲曲事業奮鬥終身的執著信念。

而原於一九一九年建立的更俗劇場，後來更名為人民劇場。一九九六年，城市規劃建設而拆除。二〇〇二年九月重建落成，十月十五日新的更俗劇院，舉行了梅歐閣紀念館開館儀式暨「大師風采・藝壇豐碑」展覽開幕式，紀念著三位藝壇前輩的深厚友誼。

此次重新出版歐陽予倩的《自我演戲以來》一書，除改正原書的一些錯字外，又增補了他後來寫的長文〈我自排自演的京戲〉，此文很少見，當做附錄，另外我也有導讀長文〈歐陽予倩與張謇、梅蘭芳在南通〉，對所謂「梅歐閣」的佳話，做一細節的補充。如此一來其回憶錄將更加完備。

余叔岩與孟小冬

——寫在《談余叔岩》之前

京劇老生行當，流派紛呈。最早的「老三派」，創始人是程長庚、余三勝、張二奎。程長庚（一八一一～一八八〇）是安徽省安慶府潛山縣人，他的聲腔以徽調為基礎，時人稱他為徽派老生，以《文昭關》、《單刀會》等名重一時；余三勝（一八〇二～一八六六）是湖北省羅田縣人，他的聲腔以漢調為基礎，時人稱他為漢派老生，其傑作如《四郎探母》、《打棍出箱》等；張二奎（一八一四～一八六四）河北衡水人，創立了奎派，以京音為主，嗓音高亢激越，樸實無華，大開大合，大氣磅礴，如《打金枝》、《上天臺》，都為時人所推崇。第二代老生三大流派創始人是譚鑫培、汪桂芬和孫菊仙。譚鑫培出色地繼承了程長庚、余三勝等徽派、漢派的藝術精華，他文武兼擅、崑亂不擋，唱、念、做、打全方位發展，因此流傳最廣、對後世影響也最大。今天的言（菊朋）派、余（叔岩）派、高（慶奎）派，追根溯源都是在老譚派的基礎上發展起來的，而馬（連良）派、奚（嘯伯）派則又各自來源於余派、言派，其根也在譚派。「無腔不學譚」，在京劇老生中真正獨領風騷的，應該是人稱「伶界大王」的譚鑫培。

余叔岩（一八九〇～一九四三），名第棋，湖北羅田人。出身於梨園世家，祖父余三勝，與張二奎、程長庚齊名，是京劇界老生的開山祖師之一；父親余紫雲，是旦行中的翹楚。余叔岩少年時即以「小小余三勝」藝名在天津演出《捉放曹》等戲，初露頭角。後因病和倒倉回京，得其岳父陳德霖之助，向錢金福、王長林等學把子和武功，由姚增祿授其崑曲戲《石秀探莊》等。同時向陳彥衡、愛新覺羅・溥侗（紅豆館主）、王君直等人學譚派唱腔。之後，他加入「春陽友會」，與樊棣生、世哲生、鐵林甫等切磋技藝。後拜譚鑫培為師，譚鑫培授其《太平橋》中史敬思、《失街亭》中王平的演技。雖只這一二齣，但吳小如認為「《太平橋》本是開場戲，向不為人注意，然而主角史敬思身段繁多，要求用基本功的地方俯拾即是，而且難度極大，沒有堅實的幼功和精湛的演技是無法勝任的。至於王平一角，雖為配角，除唱工不多外，念、做、打三者樣樣都要過硬。譚鑫培把這兩齣戲授給了余叔岩，真稱得起是因材施教。」他認真鑽研京劇老生藝術，多方虛心求教。李順亭、田桐秋、鮑吉祥等人，都是他請益的良師。王榮山、貫大元等人，都是他交流藝術的益友。後來他開始自己挑班，演出《打棍出箱》、《戰太平》、《空城計》、《烏盆記》、《桑園寄子》、《擊鼓罵曹》等戲，貫通譚派精髓和神韻，並且在全面繼承譚派藝術的基礎上，以豐富的演唱技巧進行了較大的發展與創造，成為「新譚派」的代表人物，世稱「余派」。

陳維麟在〈余叔岩生平回憶片斷〉文中說余叔岩研究譚派，「極其認真，雖一腔之微，也悉心揣摩。他曾與陳彥衡一起去聽譚戲，由陳記錄胡琴的工尺（彼時譚的琴師是梅雨田），余詳細記錄詞句與腔調。」而天津名票也是余叔岩的老學友的王庾生也說過對譚鑫培的戲，余叔岩總是一場不漏。「那時我也在北京，和余叔岩、言菊朋三個人，結成一個『觀摩小組』，每逢譚有演出時，我們必去觀摩。那時演出『堂會』很多，『堂會』並不公開對外，我們常常不知道準確的地點、時間。即使聽見了消息，有些權貴顯要的『大宅門』，我們也進不去。所以我們就像著了魔一樣，鑽頭覓縫地到處去打聽演出的消息。打聽到消息，如果是門禁森嚴，不容易混進去的地方，再挖空心思，想辦法鑽到裡面去看戲。總之，只要達到看戲的目的，我們什麼方法都想得出來。前面所說的，有一次冒充『大人物』，坐馬車硬闖『堂會』，就是我跟余叔岩的故事。其實我們看戲並不輕鬆，反而緊張得要命。因為我們不僅用眼睛『看』，用耳『聽』，還要用筆『記』——而『記』是更主要的任務。又是唱，又是表演，一個人肯定顧不過來，所以每次看戲時，我們三個人就事先研究好，分工合作，在劇場裡分頭記唱腔、表演、身段、地位，以及特殊的細節，回來以後再湊在一起，彼此交流，研究。由於譚鑫培的唱腔、表演、身段，時常在豐富、發展、變化，使我們很傷腦筋。必須勤問勤記，在通過不斷的揣摩、實踐，才能掌握住他的精神特點。」也因此識者都說余叔岩學譚的戲大部分是「偷」學來的，就是說並非都是譚鑫培正式傳授，而是余叔岩聽戲時私下學會和背地向譚鑫培有關的請教然後學會的。

梅蘭芳在《舞臺生活四十年》中記載一位滿族議員恒詩峰對他說起余叔岩研究譚腔故事，他說：「一九一五年夏天，老譚在天樂貼演《轅門斬子》，這本是劉鴻聲的拿手戲之一，譚久未演此戲，大家知道此老好勝，必有可觀。許多研究譚派的人如紅豆館主、陳彥衡、言菊朋……都到場觀摩。叔岩約了恒詩峰同看。那天，譚的唱腔、做功異常精彩，與劉鴻聲迥不相同，見宗保、見八賢王、見佘太君、見穆桂英，神情變化，層次分明，並且處處顧到楊延昭的元帥身份，大家覺得耳目一新，不暇應接。叔岩看完戲就約恒詩峰到正陽樓小吃。在吃飯時，恒詩峰看他心不在焉地嘴裡哼腔，就問他琢磨什麼？他說：『剛才《斬子》裡那句：「叫焦贊和孟良急忙招架。」我覺得「和孟良」的腔很耳熟，彷彿在哪兒碰到過，但一時想不起來。』飯畢，同到余家聊天，叔岩躺在炕上，還是翻來覆去研究這句腔。第二天，恒詩峰又到余家去串門，叔岩從客堂裡迎出來，帶笑拍著手對他說：『昨兒那個腔，我找著準家啦，敢情就是《珠簾寨》裡，李克用唱的「千里迢迢路遠來」的腔移過來的。』接著就把「和孟良」，「路遠來」兩個腔對照著念給恒詩峰聽。叔岩還說：『譚老板的腔所以難學，就是拆用巧妙，他把七字句的末三字，挪到十字句的當中，所以不好找了。』」雖一腔之微，余叔岩也悉心揣摩，終能有所成。

余叔岩曾私淑譚鑫培久矣，可是譚鑫培是藝不傳人，因此始終不得其門而入。據說譚鑫培總想把一生藝術心得傳給兒子譚小培，但費盡心機，兒子仍然學不像、學不好。老譚掃興之下，不願把自己藝術傳給別人，就賭氣不收徒弟，就連他最疼愛視若掌上明珠的愛女再三要求他教授其婿王又宸幾齣戲，老譚也不肯。因此當年希望學譚拜師而碰壁者，不知凡幾。據陳維麟說，余叔岩因曾任袁世凱總統府內尉官，與庶務司長王錦章有舊。那時譚鑫培被邀演戲，總統府裡並沒有給譚鑫培休息的地方，就在庶務司辦公室裡暫時休息一下。余叔岩當時就求王某代向譚鑫培關說，要求收其為徒弟。譚鑫培在當時環境條件，不敢得罪王某，才答應收余叔岩為徒，但並無真正授徒之心，只教了余叔岩兩齣戲：《太平橋》及《失街亭》。後來余叔岩為了把譚鑫培的藝術學到手，他到處尋師訪友，不恥下問，凡是和譚鑫培合作過的，熟諳譚派藝術的人，幾乎都成了他的老師。《空城計》的諸葛亮，他就是從和譚鑫培配戲的李順亭那裏學來的。他的武功把子和那些靠把戲得自錢金福，還有王長林、鮑吉祥，以及他的岳父陳德霖。為譚鑫培打過鼓的耿一，操過琴的孫佐臣，甚至與譚鑫培同過場的零碎龍套，他都向他們請益。即使是票友如紅豆館主、陳彥衡等，他也登門求教，還從遜清翰林魏鐵珊研究音韻。他積累了譚派藝術的精髓，繼承了譚派藝術的特點而又有所變化和發展，形成自己的藝術風格。

余叔岩曾對陳維麟說：「俗說，師傅領進門，修行在個人。我們學戲也是一樣。我跟老師（譚鑫培）學戲時，老師在床上躺著抽煙（鴉片）；抽高興了，坐起來給講些個。至於講完以後，怎樣理解，怎樣學會，那是自己的事。我雖是老師的徒弟，但上戲園子看老師演戲，我自己花錢買票聽。並不是不能聽蹭兒（即不花錢白聽戲），因為我為的是學戲，我要指定坐在哪個座位，從理想的角度看老師演戲。這次從這個角度學，老師再演時，我又坐另一個位置，所以自己花錢買票。我坐在座位上學老師演戲，全神貫注地看老師的身段做派時，就幾乎像耳聾了一樣；有時細心鑽研老師的唱腔道白，就只注重聽，而不去注意身段，甚至有時閉目或低下頭細聽老師的唱白韻味，回來自己鑽研摹仿。人們說我是老師的得意門徒，可是我覺得我到如今還趕不上老師一個腳趾頭。」

梅蘭芳在《舞臺生活四十年》書中，也轉述了余叔岩的一段話說：「我拜師後，還是得到不少好東西。譚老師的脾氣，有些高傲，那是無可諱言的，但他也因人而施，起初是試探我是否真心學藝，後來知道我的確愛他的玩意兒，才把許多道理教給我。譬如有一次，我當了許多客人面前問他：『《天雷報》末場，張元秀什麼時候扔掉竹棍子？我在臺下沒看清楚，請您說一說』老師對我笑了笑，接著就和別人談話，始終沒有答覆我。於是在座的都覺得老師故意擱徒弟，給我下不了臺。我卻耐心等候著。兩小時候，客人都散了，他見我還沒有走，就說：『你剛才不是問扔棍子的身段嗎？《天雷報》裡要緊的東西多著呢。好吧，過兩天，我在臺上唱一齣給你看』。幾天後，老師果然貼出《天雷報》，唱得十分精彩。第二天，我到譚家，他問我：『看清楚了沒有？張元秀手裡的棍子，不是故意扔出去的，因為他下亭子，看到老旦死在亭下，一驚，不由自主地撒手，棍子就掉在地下了。這和《打侄上墳》裡，陳伯禹看見陳大官那種狼狽落魄的樣子，一生氣，手裡的書掉在地下是一樣的道理。不過張老頭是打草鞋的手藝人，和有錢的陳員外是不同的，必須有點武工底子，儘管張元秀出場引子就念「年紀邁，血氣衰……」，但腰腿時時要露出倔強不服老的神氣才合適』我緊跟著追問老師：『扔棍子是看清楚了，但張元秀臨死時應該摘了帽子，還是戴著帽子？』譚老師對我笑了笑說：『你如真打算死，戴著帽子也死得了；如不打算死，摘了帽子也是裝死。』」余叔岩從與老師的這些閒談中，悟出許多道理。譚鑫培也知道余叔岩已有相當程度，因此不再細說一招一式、一腔一調，而真對戲的「節骨眼、緊要關子」的點撥。

陳維麟又說：「某次，余（叔岩）演《天雷報》，事先多日私下學譚，得其神隨，當貼出海報時，譚知道後，深感驚異，親自往看，觀後對人稱許。」而余叔岩為了學到更多的好戲，他知道乃師有好貨之癖，當譚鑫培對他說：你家有一家傳的鼻煙壺。余叔岩翌日就由家裡取來獻給譚鑫培，譚在高興之餘，就給余叔岩講了《打棍出箱》。余叔岩得此訣竅，就不時拿家中古玩獻給譚鑫培。類此種種，余叔岩為學戲確曾煞費苦心。陳維麟還說：「余醉心譚派，傾心相學，朝夕不輟。余曾在家練習《桑園寄子》，唱至『走青山，望白雲……』時，撞毀几案什物。親友傳聞，咸謂其學戲專誠。壽州孫姓在演樂胡同做壽，邀譚往演《四郎探母》，當日余及陸衡甫任提調（相當於今日的舞臺監督）。譚演完《探母》，座客不去，群相要求續演《回令》。余、陸到後臺說項，到了後臺，譚正在卸妝，靴已脫下，經余、陸再三懇求，譚方應允。當時余侍譚前後，恭逾子侄。事後就有了余給譚穿靴的傳說，又有謂要求續演《回令》，根本是余有意促成，目的是想藉機學藝。」

余叔岩精研音律，對於「三級韻」的規律運用純熟。他的演唱講究字音聲韻，潤腔多用「擻音」，嗓音略帶沙音，行腔剛柔相濟，韻味醇厚，意境深遠。《搜孤救孤》、《戰樊城》、《魚腸劍》、《洪羊洞》、《珠簾寨》、《打侄上墳》、《沙橋餞別》、《戰太平》、《空城計》等戲中的唱段，被視為經典流傳久遠。他的念白五音四聲準確得當，注意語氣和節奏；善用虛詞，傳神而有個性，於端重大方中顯出灑脫優美。其做工、身段洗煉精美，著重於表現人物的內心活動，《問樵鬧府．打棍出箱》、《盜宗卷》等劇中的表演均不遜於譚鑫培。他的劇目，唱、做、念、打甚至扮相都完全繼承譚鑫培，但處處又都有新意，有自己的特色，並不靠另起爐灶重新設計表演，創造新腔。然而確實又較譚派有很大的變化，這反而有更大的難度，三〇年代繼譚派之後，余派在京劇史上有著深遠的影響。為什麼余叔岩在藝術上有如此驚人的成就呢？這除了他得過不少名師傳授外，和他的虛心學習、刻苦鑽研是密切相關的。

戲曲家吳小如在《京劇老生流派綜說》書中，對余叔岩的「青出於藍」有極精闢的分析，他說：「余叔岩的嗓子，從天賦條件看，無論是寬、高、厚、亮，都不及譚鑫培；而且還有中氣弱、音量小等明顯缺點。但是余氏終於後來居上，則全靠刻苦功夫。他在二十年代嗓子有了高音、亮音，全是苦練出來的。寬不夠，則以峭拔取勝；厚不夠，則以頓挫彌縫。這在內行，稱為『功夫嗓』，即用盡一切人為手段來克服、補救先天稟賦所帶來的種種缺陷。……而余叔岩則不僅取譚之長補己之短，而且能避譚之短以充分體現己之所長。比如譚的唱法有虛有實，即有空靈處，也有樸拙處；有精深細膩處，也有粗豪古簡處。余則只取其空靈，堅棄其古拙；專門刻意求精，決不率爾務實。進一步余氏更把粗豪處細膩化，把樸質處典麗化，寧失之書卷氣過多，也不讓唱腔中有一點塵滓。這就是說，余氏發揮並發展了譚氏的優點，而揚棄了譚腔中不適應於自己由於天賦不足而無法體現的東西。真所謂『知己知彼，百戰不殆』。這不僅要有絕頂聰明，而且還要有驚人毅力。生行的余叔岩，旦行的程硯秋，都在這方面獲得極大成功，從而成為一代典範。」梅蘭芳也說：「叔岩天資聰敏，加上眠裡夢裡的揣摩，所以能夠吸收運用，自成一派。有一次，我到他家裡對戲，叔岩正開著留聲機聽譚老的《洪羊洞》、《賣馬》唱片。他從唱機取下唱片對我說：『這是我的法帖，必需「學而時習之」，但到臺上，我卻不能完全照他這樣唱，因為我的嗓子和老師不一樣，得自己找俏頭。』」

余叔岩在舞臺演出的時間前後尚不足二十年，而全盛時期則僅有六、七年而已。一九二九年四月後，他就息影家園，不再演出了。儘管如此，自譚鑫培之後，余氏始終執老生壇坫之牛耳，堪稱盛譽空前。京劇演員中過去號稱「余派鬚生」的頗不乏人，但很多是私淑的，實際並未拜師。據戲曲家吳小如說余叔岩的傳人共有「三小四少」七人，「三小」分別是孟小冬、楊寶忠（小小朵）和譚富英（小譚）；而「四少」因吳少霞後來改學荀派，其實也只剩三人，是李少春、王少樓、陳少霖。而譚富英，一則未能接受余氏的嚴格要求，二是捨祖傳而習余亦有所局，遂至疏而散，散而輟；李少春拜余時，業已組班獨挑，未能長久執弟子禮，演來總讓人懷疑不是余派。得其真傳者，僅孟小冬一人。

孟氏冰雪聰明，資質絕倫。其立雪余門之際，正值余藝爐火純青之時；而其師徒之誼，情逾父女，故能傾囊相授、薪火相傳。余叔岩以親身經歷，深感學藝之艱苦，加之自知病入膏肓，因此對孟小冬說戲更加耐心，希望薪傳於小冬。孟小冬曾對人說：「我拜余老師後，余老師就主張從根底研究。首先，在字音準確上下功夫，所以偏重念白，兼及做派。《一捧雪》一劇，余老師曾教授三個月，口講指畫，不厭其煩，要求在唱念中要傳神。所有唱工戲，無論整齣還是一段數段，無一不由字眼說起，從發音以至行腔，凡是平上去入、陰陽尖團，以及抑揚高下、波折婉轉，均反覆體察，廣加考究，必令字正腔圓而後已。」吳小如曾談到孟小冬早年不但連《逍遙津》、《十八扯》都唱，就是彩頭班的連臺戲或上海灘上的「文明」新戲，也都來者不拒。到了三十年代中期，已是取法乎上，「結束鉛華歸少作，摒除『魔道』入中年」了。而等到拜余之後，可說是從野狐禪皈依了大乘佛教，從賣一條「坤伶」的高嗓門兒轉入了清醇雅淡，走上京劇的正宗。

一九三八年十二月二十四日孟小冬在西長安街新新戲院（後叫首都電影院），白天唱《洪羊洞》，這是她舞臺生活中最璀璨的一頁，因為有恩師余叔岩親自「把場」，據說出場前余叔岩說了句「楊六郎快死啦」，推了孟小冬一把，正好讓她踩著鑼鼓點出場。當時一些報刊，每在孟小冬演一劇後發表劇評時，對孟小冬的唱白，甚至一舉手一投足都推崇備至，尤其是余叔岩早已息影多年，孟小冬儼然成為觀眾腦海中的余叔岩替身，透過孟小冬傳神的演出，再次觸摸到余派的脈搏，見到余派的身影。

余叔岩授徒時曾說：京劇表演是七分念白三分唱，唱腔要注意抑揚頓挫，身段要注意陰陽向背，做派要講究疊折，要注意劇中人身份。例如：扮文人須有書卷氣，必須蜂腰駝背，不能挺胸凸肚，兩臂要圓，用以支撐行動；扮大將要有大將氣派；扮丞相要有丞相風度、表演時一舉一動、一唱一白都要適合劇中人的身份。他舉例說：《戰太平》一劇，二兵監斬華雲出場時，華雲帶著手銬，二兵一聲吶喊，此刻華雲頭部不能動，只能昂首闊步，斜著二目看二兵，做鄙視的表情；反之，如扭回頭看二兵，就失去了華雲的大將身份。又如《空城計》中諸葛亮升帳兩旁喊堂時，諸葛亮也只能用眼角斜視兩旁，頭不能動。演至探子「三報」，第一報，看到王平地圖，要從眼中表露出由於馬謖在山頂紮營，已知街亭必失無疑，因而看了地圖後收下，立刻差人到列柳城調趙雲率軍前來；第二報，街亭失守，這是諸葛亮早已料到的，所以表情並不驚奇；第三報，司馬懿大兵離西城四十里，這時場面起「亂錘」，按照慣例，在其他戲中「亂錘」一起，場上演員一定要作驚恐表情，但此次卻不同，只能驚而不恐，因為諸葛亮這時驚是驚在本來應該趙雲先到，但為什麼司馬懿大軍卻這樣快就到了。這是驚但不是恐，因為如果一恐，就失去諸葛亮的身份了。這項表情很難，一般表演時，對驚和恐從臉上的上半部眉眼看，往往分不清楚，這是不善於區別驚與恐表情之故。余叔岩，這一點，關鍵主要在嘴上，在髯口裡面，即：張口為驚，閉口為恐。只有通過反覆琢磨和練習，才能演得恰到好處。

張伯駒是余叔岩的好友，他三十一歲從余叔岩學戲，每日晚飯後去其家，余叔岩飯後吸煙過癮，賓客滿座，午夜十二時後開始說戲，常至深夜三時始歸家。如此者十年，因此余叔岩戲文武崑亂傳給他最多。他在談到余叔岩在教戲時，什麼人可以學什麼戲，其實他是非常清楚的，他常因人施教。張伯駒在《紅毹紀夢詩注》中說，他曾請余叔岩教他《坐樓殺惜》，余叔岩說：「每一個演員不能每一齣戲都能演好，因為其人身份與劇中人之身份大有不同。其內心即表演不出，做工神情即差。宋江是一個壞人，是縣衙門書吏身份，《坐樓》全是耍骨頭，《殺惜》突然變臉，兇惡情狀畢露。你是一個好人，是儒雅瀟灑書生身份，如你演《空城計》、《問樵鬧府》、《盜宗卷》、《御碑亭》、《遊龍戲鳳》、《斷臂說書》、《審頭》等戲一定好，因為你本身就是戲。飾宋江不會耍骨頭，沒有其兇惡本質，表演不出其內心，演得不會出色，所以不主張演此。」張伯駒認為余叔岩說得至為有理，因此有詩曰：「演來須重內心戲，身份由來有定評。能耍骨頭能變臉，書生難比宋公明。」

余叔岩的教戲，是因材施教的。你如果領悟力強，肯用功，他會毫不保留地傾囊以授，而且極為認真。劇評家丁秉鐩就認為孟小冬因為一來私淑余叔岩多年，過去從陳秀華、孫老元那裡，已經學到相當基礎，又加天資聰穎，一點就透。二來她生活簡單，只一個人，薄有私蓄，不愁生活，不需要靠唱戲吃飯，可以慢慢學，不急著唱。三來，也是最重要的原因，她渴望拜余多年，一旦實現，自然全心全力，全副精神都放在學戲上。她在余家，除了學戲以外，在余叔岩夫婦面前，承歡膝下，有如侍奉雙親；與兩位師妹（余的兩個女兒）處得情同骨肉。她又通曉世故，練達人情，對老媽、下人、門房都時有賞賜，所以孟「大小姐」在余家的人緣極好，自然因勢利便，盡得薪傳了。

丁秉鐩在〈孟小冬劇藝管窺〉文中說，「一位演員給觀眾的第一印象，便是扮相。孟小冬生得明眸隆準，扮鬚生雖然掛上髯口（鬍子），讓人看來劍眉星目，端莊儒雅，先予人以好感。」「所謂臺風，就是這位演員在臺上，是否能攏住觀眾的神，使觀眾對他注意，也就是一般人所謂的儀態。……孟小冬的臺風，『溫文儒雅，俊逸瀟灑』八個字可以包括，使人有『與君子交，怡怡如也』的感覺。」「孟小冬得天獨厚的地方就是她有一副好嗓子。五音俱全，四聲俱備，膛音寬厚，最難得的沒有雌音，這是千千萬萬人裡難得一見的，在女鬚生地界，不敢說後無來者，至少可說前無古人了。拜余之後，又練出沙音來，更臻完善。……孟小冬的唱工，除了因有嗓子，可以任意發揮，無往不利以外；最寶貴的，是她唱得考究，不論上板的，散的，大段兒的，或只有兩句，她都搏獅搏兔，俱用全力。對於唱工持這種鄭重而認真態度的人，梨園界中只有兩位，一位是余叔岩，一位就是孟小冬了。……環顧過去諸大名伶，對於搖板、散板，注意唱的，也就是梅蘭芳、程硯秋、馬連良、郝壽臣諸人而已，但是都不到百分之百的考究。唯有余叔岩、孟小冬二人，對唱工是一句不苟，一字不苟的。因此，他們師徒二位，唱戲也就特別費神費力，唱一齣戲的精力，夠別人唱三齣戲的。（別人不肯這麼傻幹。）而也就因此，他們二位不耐久演常唱，時演時輟，休息多於登臺者，也就是這個原因。」「梨園界有句話：『千斤話白四兩唱』，也就是說，念白比唱重要多了。念白的要求，需字眼發音正確，咬字清楚，大段兒要抑揚頓挫，疾徐有致，短句也要有氣氛，含感情。對於這些條件，孟小冬都能做到。」

另外針對「做表」（做派、表情），丁秉鐩也根據他多年來看過孟小冬的十多齣戲，舉例說明之，他說他看孟小冬《空城計》時，她還不到三十歲，但是她火候的精湛，已臻上乘了。頭一場「坐帳」那段「羽扇綸巾……」的大引子，念得字音正確，陰陽分明，有韻味、有氣氛，而且還有丞相的風度。對馬謖叮嚀的一段原板，余派唱法，在「……領兵……」處有一個巧腔，大凡唱老生的都會，但真正能唱得「夠俏皮而自然」的，卻沒有幾位，孟小冬是其中一位。「聞報」一場，孟小冬就展露出她在唱、念、神情，做派上的功力了。旗牌送來地圖，念

「展開」以後，開始看圖，先上下左右粗看一下，表示先要了解地理位置。然後仔細觀看，一見營盤紮在山上，立刻臉上表情驟變，先驚愕，再詫異，再轉變為惋惜、失望，不但有層次，有交代，而且轉變得快。馬上抬起頭來，用眼神表示出急智和決斷，吩咐旗牌：「快快去到列柳城，調回趙老將軍，快去！」邊念邊做手勢，最後念到「快去！」時，用手一揮，表示出緊急命令的重要來，念、做、表情俱到。遣走旗牌以後，念：「好大膽的馬謖哇……只恐街亭難保！」此時認為街亭必失，已有心理準備了。所以探子頭報：「馬謖失守街亭。」念「再——探。」緩慢而平靜，接念：「如何，果然把街亭失守了。」把預料必發生的事證實了。探子二報：「司馬懿領兵往西城而來。」孟小冬第二個「再探」，念得短促而鎮定。然後念：「嗚呼呀……悔之晚矣。」神情上就表示出事態嚴重，追悔莫及了。探子三報：「司馬懿大兵離西城不遠。」孟小冬第三個「再探」的念法是：「再，再探」。臉上稍露出頗出意外之色。別的演員有連念好幾個「再」，而臉上倉皇失措的，那就有失孔明身分了。「城樓」一場，最精彩的唱是「我正在城樓觀山景」那段二六，有如行雲流水，自然對話；同時板槽工穩，雋永有味。這幾樣並存，是非常難能作到的。「斬謖」一場，入帳把扇子交左手，以右手指王平；等到帶馬謖，又把扇子交還右手，以扇子指馬謖，這種小動作都是譚、余真傳。與王平對唱快板，尺寸極快，而字字清楚入耳。對馬謖的兩次叫頭，幾乎聲淚俱下，聽得令人酸鼻。

《搜孤救孤》是余叔岩親授孟小冬的戲，也是孟小冬的拿手好戲。一九三九年曾在北平演出，一九四七年在上海杜壽義演時，連唱兩天，以後就成為廣陵絕響了。丁秉鐩猶記當年在北平觀劇的情景：第二場程嬰（孟小冬飾）勸妻（魏蓮芳飾）捨子，妻子堅決不肯，只好一人在客座上生悶氣，公孫杵臼（鮑吉祥飾）來了，抬頭稍打招呼，並未起來。稍過一會兒，才想起人家是客人，趕快起來，把公孫讓到客座，自己坐到主位。把程嬰氣急敗壞的心情，形容的入木三分。公孫問他程妻可曾應允捨子之事。孟小冬念：「他……不肯哪！」那個「他」字念得重，且念且用右手指向程妻房中。面上則帶惶急、慚愧、冤枉的綜合表情，意思是表明：「不是我說她賢德的話黃牛了，而是她太頑固了，我沒有故意騙你。」最後法場祭奠已畢，屠岸賈（裘盛戎飾）欲看賞，程說不欲受賞，家有一子，與孤兒同庚，怕被人暗算，屠說「抱來我看」。孟小冬當唱「背轉身來笑吟吟，奸賊中了我的巧計行。」邊唱，邊做，邊走，面上露出得意之色，那種唱做合一的以身入戲，真是妙到毫顛。等到最後，屠岸賈把孤兒認為義子，並且安排程嬰吃一碗安樂茶飯了。孟小冬站在那裡的表情，完全是「大事已畢，如喪考妣。」那種嗒然若喪，萬念俱灰的神態，真令人覺得細膩萬分，拍案叫絕了。

譚鑫培是清末民初京劇演員中劃時代的人物，而余叔岩的藝術在高度成熟時，以其演唱技巧的高妙、唱腔設計之精微、表現人物的深邃而冠絕一時。余叔岩的藝術氣勢和韻味兼備，力量與技巧並重，渾厚、雄健及靈巧、飄逸同在。他把譚鑫培的藝術向前推進了，在京劇發展史中，譚鑫培的貢獻大於余叔岩，因為譚鑫培開闢了全新的意境，而余叔岩將譚鑫培的藝術更推向「高雅」化了。當年學譚的每譏學余的走火入魔，學余的則諷學譚的抱殘守缺，譚、余之爭，如火如荼。陳定山對此好有一比，他說如果譚鑫培是孔子，則余叔岩是孟子。「叔岩從譚出，譚的底子是漢調，發音多湖廣音；叔岩興，始歸入中州音，雅然正始，而啟示提命皆出於陳十二彥衡。叔岩以前，伶人只知分尖團，叔岩以後，始分四聲，分陰陽。今之號為譚派者，莫不私淑叔岩。」

對譚、余之爭，孟小冬則說：「譚派劇藝博大精深，自成一家，本人原也是學譚的，後隨先師學藝，始知譚、余原屬一脈流傳，譚大王雖僅給先師說了一齣《太平橋》，但在平劇的原理與原則上，他們師徒倆確曾下過一番切磋的功夫。加之先師每逢譚劇上演，必親臨諦觀。尤以先師天資聰穎，無須刻意摹擬，即能舉一反三，擇其精粹，另闢蹊徑，創作新聲，琢磨劇情，美化身段，深入戲中，發揮感染的力量，乃能自成面目，先師是戲劇界一位苦行者，具有無上的智慧與勇氣，才能達成梨園生行的新境界。大家只要平心靜氣的，仔細的諦聽譚大王所遺留下來的唱片，與先師所留的十八張半唱片，兩相比對，自能心領神會，即有客觀而公正的真實評價，若以詩聖杜工部比譚大王，則先師應為李商隱或黃山谷，劇藝之成就，面目雖異，而造詣之深則相同，明乎此，那麼譚、余之爭，似乎是多餘的了。」曾經先學譚而後宗余的孟小冬以過來人的身份，道出此精闢之論，更看出藝術的薪火相傳，生生不已。

《談余叔岩》作者孫養農。他是安徽壽州孫家後裔。孫家幾代當官，孫養農的祖父孫家鼐曾當過光緒皇帝的老師，富貴可知。孫家家大業大，據說半個壽州城都是他家的產業，清末民初又投資銀行、麵粉廠……，幾代都吃不完。孫養農自然可以不事生產，整天圍著伶人打轉。他玩票捧角，幾乎是傾家蕩產，在所不惜，不但聽戲學戲，還出錢組票房，贍養老伶工。人老嗓啞或落魄的老伶工，只要身懷絕技，孫養農就出錢供養，讓他們教票友唱戲。孫養農這種孟嘗君的作風，自然結識了許多名伶，其中與孫家交情最是深厚的，就屬唱鬚生出了名的一代伶人余叔岩了。

一九四九年，內戰方殷，彼時家道已見中落的孫養農避禍香港，坐吃山空，最後甚至以拉琴教戲維生。當時孟小冬也在香港，於是跟孫養農建議：「咱們寫本書吧，寫寫跟余先生學戲的事。」書名定為《談余叔岩》，一九五三年在香港。據孫養農的弟弟孫曜東回憶說：「該書出版後成了香港的暢銷書，一版再版，孫養農稿費賺了幾十萬港幣，而孟小冬一個錢也不要，全給了孫養農，因孫養農已家道中落，要養家餬口。那時我已被送往白茅嶺農場改造，也靠孫養農按月接濟，而孟小冬就這麼不動聲色地幫助了我們全家，這是我們永遠不會忘記的！」

《談余叔岩》書前孟小冬序言寫得古意盎然，卻不失追念恩師之情。所附余叔岩十一幀照片，珍貴自不待言。書名由張大千題寫。目次包括余氏家族介紹、叔岩之輔弼、琴師、鼓師、師友、弟子，余氏不同時期的演藝活動、生活及思想、余劇介紹，譚富英等人問藝等等章節，語言簡潔明瞭。加上孫氏親炙親聞所得余氏藝術成就、佚聞故事，有趣有識更有情，無怪乎能成為當日的「暢銷書」！即使到現在也是談余叔岩不可多得的必備書！

王揖唐《今傳是樓詩話》見證晚清民初詩壇

王揖唐（一八七八～一九四八），名志洋，字慎吾。後更名賡，號揖唐，筆名逸塘，晚號今傳是主人。安徽合肥人。其父是一位秀才，以教書為業。在光緒三十年甲辰（一九〇四）慈禧太后七十歲生日的「恩科」（中國歷史上最後一次科舉）考試中，王揖唐考中二甲第五名進士，同科的有譚延闓、沈鈞儒、商衍鎏等近代史上知名人士。不久，他投到徐世昌門下，時逢袁世凱為擴編北洋軍選送人員赴日本學習軍事，遂入日本東京振武學校學習，後因不適應軍旅生活而轉入法政大學學習。光緒三十三年（一九〇七）回國後，他到東三省總督徐世昌處任職，宣統元年（一九〇九）隨軍機大臣戴鴻慈出訪歐洲。此後兩年內，他遊歷歐洲和美國考察軍政、鐵路、交通等事宜。一九一一年他回國後任吉林兵備處總辦。

一九一二年初，王揖唐被任命為軍諮使、密雲副都統，皆未就職。袁世凱繼任臨時大總統，經徐世昌舉薦，王揖唐先後任大總統秘書、參議、顧問等職。他曾加入「民主」、「共和促進會」、「統一黨」三黨，後三黨合併，改為「進步黨」，推黎元洪為理事長，王揖唐則為理事並兼國會中進步黨的憲法起草委員。後來又任「參政院」參政。一九一五年八月改任吉林「巡按使」（後稱省長）。袁世凱帝制運動將起時，他曾在北京辦《國華報》，大力鼓吹帝制。袁世凱死後，王揖唐投靠皖系。一九一七年十一月，段祺瑞組織臨時參議院，王揖唐任議長。一九一八年三月八日，幫徐樹錚成立安福俱樂部。同年八月二日，王揖唐任眾議院議長。此後，他主導安福國會，聲勢如日中天。同年九月徐世昌當選大總統。一九二〇年七月直皖戰爭皖系敗北，王揖唐被通緝，流亡日本，從事著述生涯。一九二四年十月北京政變後，段祺瑞任臨時執政。王揖唐參加該政府。十一月他任安徽省長兼督辦軍務善後事宜。一九二五年二月，他任善後會議議員。北伐之際，王揖唐聯繫北方各派共同進行抵抗。一九二八年北伐成功，王揖唐又被通緝，逃入天津日租界，再次從事著述活動。一九三一年，王揖唐加入國民政府，任東北政務委員會委員。此後，歷任國難會議會員、華北戰區救濟委員會委員、行政院駐平政務整理委員會委員、冀察政務委員會委員、天津匯業銀行總理等職。

抗戰爆發後，王揖唐趁宋哲元不在北平之機取代其成為冀察政務委員會委員長，掌控華北政權。同年十二月十四日，王克敏在北平組織中華民國臨時政府。王揖唐參加該政府，歷任議政委員會常務委員、賑濟部總長、內政部總長等職。一九四〇年三月二十九日汪偽政府在南京成立後，北平的偽臨時政府同時取消，改稱「華北政務委員會」，王克敏藉口汪偽政府中也應有原來臨時政府的人參加，提議由王揖唐擔任汪偽政權的「考試院」院長，將其排擠出「華北政務委員會」。王揖唐惱羞成怒，他利用王克敏與汪精衛之間的矛盾，在「考試院」院長的職位上千方百計地討好汪精衛，企圖藉助汪精衛的勢力來對抗王克敏，並最終如願以償，於一九四〇年六月將王克敏擠下臺，而由他出任偽華北政務委員會委員長，成了華北漢奸的第一號人物。此後曾任中央政治委員會委員、內務總署督辦。一九四三年一月，他任最高國防會議議員、全國經濟委員會副委員長、新國民促進委員會委員。

一九四五年八月日本戰敗投降後，王揖唐即托病住院，同時暗中活動，企圖脫卸漢奸罪責。一九四六年春，河北高等法院將其逮捕入獄，立案審理。由冀高法院刑二庭長何承焯主審，每次開庭，王揖唐均以病勢沉重為由，被人抬上法庭，閉目不答。王自知罪行重大，於是大耍花招，一九四七年秋，王揖唐委託律師劉煌等，突然舉行記者招待會並散發聲明。聲明承認附逆降敵，有罪於國，同時卻反戈一擊，聲稱刑二庭長何承焯曾在偽司法總署任職，是一小漢奸。稱「以小漢奸高踞堂上審大漢奸，將何以杜悠悠之口」。消息傳出，轟動九城。南京司法部只得撤消何承焯職務，另委派吳盛涵為刑二庭長，重新審理王揖唐漢奸案。河北高等法院根據事實依法判處其死刑時，他又兩次申請復判。這樣拖延了兩年多。一九四八年九月，經最高法院最後復判，仍將其判處死刑。九月十日，王揖唐在北京姚家井第一監獄被槍決，時年七十一歲。

王揖唐在《今傳是樓詩話》中有提到他命名「今傳是樓」的由來，他說：「余之《詩話》，以今傳是樓命名。海內外友人亦多為詩及之。傳是樓者，崑山徐健庵尚書乾學藏書之所也。」徐乾學（健庵）是明末大學者顧炎武的外甥，清初官至大學士、刑部尚書，當時號稱「名臣」。據史料記載，徐乾學自幼就十分喜愛讀書、抄書、藏書。到清初時，正逢戰亂之後，徐乾學除自己精心搜求外，還托門生故吏於全國各地代為搜集，所以「南北大家之藏書，盡歸先生。」（黄宗義語），藏書多達數萬卷。他特意精心建造了一座樓房，專作藏書之用。他收藏的各種圖書，共裝了七十二書櫥。樓房建成以後，徐乾學把兒子們全都叫到樓上，語重心長地對他們說：「許多做上輩的人，都給子孫們留下田地錢財，但子孫們，卻不見得能世世代代都富裕；也有的給子孫們留下金銀珠寶，子孫們也未必能夠世世代代保藏；還有的給子孫們留下亭臺樓閣，後代卻不一定能夠世世代代保有。我並不想學這些人的榜樣，我給你們留下什麼樣的遺產呢？」（原文乃文言，今譯為白話）不等兒子們答話，他笑盈盈地指著樓上琳琅滿目的藏書說：「所傳者，惟是矣。」也就是說留給你們的，就是這滿屋子的圖書！並將書樓命名為「傳是樓」，表明以書傳後代的意思，一時傳為美談。但至康熙三十三年徐氏逝世，此樓藏書已漸流出、散佚。其後，書樓遭回祿之災（據徐氏後人記載，時約康熙末年）、兵災，加上徐氏子孫式微，書多散入怡親王府、納蘭明珠等處及諸藏書家手中，甚至有些已佚失不可考。

徐乾學所居之府第，乃尚書第，在崑山城內西塘街，因他曾任刑部尚書，故名。而當時名滿天下之傳是樓，即在尚書第內。自徐氏子孫式微，所藏善本書籍，大都流入他家，而樓亦廢，今其遺址已渺不可尋矣。惟尚書第之產權，迄民初猶保存於徐氏後裔手中，後來出售於王揖唐。王揖唐在《今傳是樓詩話》中說：「閩人育季，本亭林支裔，亦崑籍也。其母家比鄰樓址，閩人出私蓄三千金，購得之。以告余，意謂山水清佳，偕隱可卜，鷗鄉娛老，固自不妨。

余曰：『前賢勝蹟，何敢自私。顧任其蕪廢殊可惜，盍就地建一圖書館，為崑山添一故實，可乎？且也公諸橫舍，既無專壑之嫌，仍襲舊稱，詎有爭墩之意？』質諸士論，僉以為宜。時余以南北議和事留滬上，友人無冰君與崑之賢士大夫相習，躬任規劃。因請以今傳是樓定名，余欣然從之。此為今傳是樓定名之始。閨人與亭林同籍玉峰，而亭林與健庵又誼屬甥舅，事之巧合有如此者。」

後來今傳是樓變成王揖唐的書齋名，今傳是樓位於舊時天津日租界蓬萊街（今天津市和平區瀋陽道六十六號），王揖唐在此生活了十餘年，並完成了著名的《今傳是樓詩話》。《民國名人傳》載：「王工演說，善接納。著有《今傳是樓詩話》（為一九三三年大公報鉛印本。是作：自一九二七年起連載於天津《國聞週報》，長達數年之久，全書五百九十五則。多關史料掌故）；譯有《新俄羅斯》、《德皇威廉第二自傳》諸書。」除此之外，王揖唐另著有《近邊建置概略》、《上海租界問題》、《世界最新之憲法》及《逸塘詩存》。

王揖唐本是個才子，進士出身，國學根底深厚，安福系失意後，寓居天津，喜歡吟詠，初畏人知。在嚴範孫、趙幼梅的邀請下參加天津城南詩社活動，與舊文人相唱和。詩社曾在今傳是樓聚會，天津詩人馮問田有詩云：「今傳是樓開詩筵，將軍獨作騷壇主。曩者久耳將軍名，後無來者前無古。」王揖唐著有《逸塘詩存》，有詩二百七十二首，所收詩至一九四〇年止。該詩集於一九四一年出版，由國立華北編譯館館長瞿益鍇封面署簽，書前有李國松作序、後有門人李元暉編今傳是樓主人年譜並王氏世系表，及溥叔明題跋。溥叔明係恭親王之孫畫家溥儒之弟，是位傳統文化修養很深的詞曲作家。其時，王揖唐正處在他的人生頂點，任偽華北政務委員會委員長，風光無限。所以，前序後跋的作者，對其諛辭過甚也是可以想見的。儘管如此，該詩集於研究清末民國邦交、軍事、民俗等有重要文獻參考價值。

汪辟疆的《光宣以來詩壇旁記》中有一則〈今傳是樓主人獄中詩〉云：「近則以事偽入獄，年已七十矣。對簿公庭，噤不一言，然在獄中固嘗吟詠自遣。玩其意興，亦殊無衰颯頽唐之氣，可異也。」當時山陰陳中嶽於丙戌冬曾有酬第一典獄長吳訪丞（峙沅）一律，傳至獄中，王揖唐亦次韻奉酬。《光宣以來詩壇旁記》就收有王揖唐的獄中和詩云：「底羨醇醪酌滿樽，春風偶拂座能溫。紛紛世尚甘投石，僕僕誰猶肯到門。君昔題詩驚湜籍，我今畫虎愧嚴敦。（謂子美諸兄子）半生焦爛都無補，悔不追隨學稼樊。」當然還有其他詩多首，保留珍貴史料。

王揖唐在《今傳是樓詩話》的〈自敘〉中說：「予幼即嗜詩，遇古今人一篇一句之工，隨時採錄不少輟。」由於王揖唐本身是詩人，因此詩友相互酬唱，再加上王揖唐在政治界認識相當多名人，書中多涉及晚清政壇名流，如龔定庵、周馥、翁同龢、康有為、劉銘傳、譚嗣同、袁世凱、俞樾、李慈銘、鄭孝胥、金農、林旭、唐繼堯、梁鼎芬、陳三立、寶竹坡、王闓運、張之洞、王國維、胡思敬、林長民、陳衍、于右任、李鴻章、李經羲、徐樹錚、黃仲則、龔鼎孳、汪榮寶、樊增祥、黃侃、吳汝綸、于式枚、楊士琦、陳寶箴、章士釗、陳衡恪、蔡元培、費念慈、蔣士銓、朱啟鈐、黃遵憲、端方、梁啟超、李士棻、丁寶楨、孫詒讓、張佩綸、陳寶琛等人。王揖唐除了引錄了大量詩作外，他並述及與詩作相關的本事和掌故，這對於研究晚清歷史文化者，提供了不少珍貴的史料。

《今傳是樓詩話》在提到張之洞中年以後的詩作云：「廣雅詩中年以後之作，多有本事。犖犖大者，故老能詳，余《詩話》中前已及之。」又云：「玩其詞意，必非無病之呻。惜作者既未自箋，自亦無從索解。」但〈元稹〉一詩云：「賈誼多言絳灌傷，舊勳新進敢衡量。最憐輕薄元才子，操縱英雄綠野堂。」王揖唐認為此詩似指虞山而言。虞山乃常熟翁同龢。張之洞集中有〈送同年翁仲淵殿撰從尊甫藥房先生出塞〉詩，自注：「藥房先生在詔獄時，余兩次入獄省視之。錄此詩以見余與翁氏分誼不淺。後來叔平相國，一意傾陷，僅免於死，不亞奇章之於贊皇。此等孽緣，不可解也」云云。王揖唐說：「注語乃晚年加入，賓僚請刪，亦不顧也。」可見張、翁兩人嫌隙之深。王揖唐又說：「廣雅在外，虞山居朝，此事與晉公、元相相類。虞山自負宿望，每以新進視廣雅，兩賢相厄，殆關夙緣。錄此二詩，以見朝局，亦同光史料也。」

又如《今傳是樓詩話》引及章士釗〈題徐善伯見視戊戌《湘報》全冊四十韻〉的長詩，並謂章詩：「紀述綦詳，足徵信史，實為近數十年極有關係之作。」《湘報》是維新運動中最激進的報刊，由熊希齡（秉三）創辦，獲得湖南巡撫陳寶箴（右銘）的支持。陳寶箴是陳寅恪的祖父，為晚清重臣。陳寶箴作為章士釗的「父母官」，在湘推行新政，創辦時務學堂，對年輕的章士釗肯定產生過重大影響。章士釗這首詩披露了不少史料，關於蔡鍔的記敘就與常見的蔡鍔傳有不同之處。據湯志鈞《戊戌變法史》載，時務學堂招考有三次，首次即一八九七年（丁酉）九月，章士釗幼年多病，參加了這次考試，得以見到陳寶箴。

另外《今傳是樓詩話》是王揖唐隨手抄錄，有些詩作並未被收入原作者的詩集中，而有些詩集後來也失傳了，因此本書無形中又有輯佚之功。例如曾被任命為臺灣建省後首任巡撫的劉銘傳有文集《劉壯肅公奏議》和《盤亭小錄》，詩集《大潛山房詩抄》。《大潛山房詩鈔》刻於同治五年，多為劉氏壯歲之作，晚期詩作皆未收錄。據劉銘傳之孫劉朝敘云，劉氏解甲歸田後，「以吟詠自適」，遺詩有「數百首」之多，但今多不見，而《今傳是樓詩話》卻保存劉銘傳晚年兩首詩，可見其一斑：

得遂歸田志，君恩肯放還。解兵渡渭水，策馬出秦關。
不歷風波境，焉知世事艱。此行無建樹，羞對二華山。（其一）

秦兵不渡隴，界限總分明。我抱虛縻恥，誰將寇難平。
徒憂回紇馬，未解世人情。努力期來者，朝廷務遠征。（其二）

讀了這兩首詩對於晚年被放歸故里的劉銘傳的心境，將會有所體會。詩中暗含對當時朝政荒嬉、苟且偷安的不滿和他自己的抗爭結局。他雖解甲歸來，但壯心不泯。詩風悲壯而慷慨。

當年名作家紀果庵在〈《古今》與我〉一文說：「信手取舊《國聞週報》翻閱，瞥見《今傳是樓詩話》轉載樊樊山〈金陵雜詠〉，頗有風致」，確實這專欄當時在《國聞週報》連載數年之久，是王揖唐一生中最重要的著作。只是「卿本佳人，奈何作賊」，王揖唐因為晚節不保，當了漢奸，連帶了這書也蒙塵了。但若「不以人廢言」，其實是相當重要的著作，極具史料價值。

而原本一九三三年《大公報》版的《今傳是樓詩話》是一冊不分卷，全書只有句讀和圈點，也沒有任何標題，當然也沒有目錄。因此閱讀或找尋其中的資料甚為不便，而該書流傳亦少。後來文海出版社雖有影印出版，但仍依其舊。此次重新打字排版、點校、分段整理，甚至製作每則的小標題。並以中研院圖書館所藏的《大公報》版詳加核對，除了改正原書原有的錯字外，由於王揖唐好用僻字，有些已改為現在通行之字，有些仍然保留。這是首次以新式標點完成的繁體字版，而且編了目錄，對其中引用詩文的標題和內容完全標示清楚，對於查考或閱讀均甚為方便。又因此書所涉及的大都是晚清到民初的詩人及其軼事，而這些都是作者所見所聞者，書名則改為：「晚清民初詩壇見聞：今傳是樓詩話」，以更顯其書之旨趣。

王光祈和他的近代外交史料譯著

王光祈是「五四」時期的人物，他是「少年中國學會」的領銜人物。他是一個社會運動家，他是一個新聞記者，學者郭梵農更認為「他是一位史學工作者，因為他譯著了一批極具史學價值的叢書，對歷史的研究和寫作，有一套深沉的工夫和獨具慧眼的看法；最後，也是最重要的，他是一個音樂思想家。直到他客死在萊茵河畔的波昂城，他仍集注精力於中西樂理與音樂史的綜合研究，可以說是盡瘁於一個音樂思想家的崗位。」只是他在德國苦學十六年，他的光輝成就，經歷了大半世紀，卻逐漸地為人所遺忘！

王光祈（一八九二～一九三六），四川溫江縣人，字潤璵，亦字若愚。祖父王澤山是名詩人，父親王茂生也是讀書種子，但在窮愁潦倒中去世，去世後三個月王光祈才出生。孤兒寡母靠菲薄的收入和親友的資助，才勉強過活。八歲時，王光祈為鄰家牧牛，在母親教導下，已讀完《三字經》，《百家姓》，《唐詩三百首》等啟蒙書籍。一九〇七年趙爾巽任四川總督，因當年曾受教於王光祈的祖父，為感念師恩，乃將王光祈母子接至成都，在他的資助下，王光祈進入成都第一高等小學堂就讀。次年考入成都高等學堂分設中學丙班。與魏嗣鑾（時珍），郭沫若、李劼人、周太玄、蒙文通、曾琦（慕韓）等先後同班。彼皆一時之彥，因而學問日新月進，大具根底，為校長漢學家劉士志所器重。

一九一四年春末，王光祈走出古稱天險的蜀國，到上海晤魏嗣鑾後，輾轉到北京，在趙爾巽的幫助下，任清史館書記員。同年秋，考入中國大學法律科。在一九一七年王光祈與曾慕韓的書信上就提到：「我們皆在青年求學時期，救國最好在早做基礎的準備工夫，而準備工夫不外兩事：一為人才，二為辦法。但人才已不能求之已成勢力中，則應早日集結有志趣的青年同志，互相切磋，經過歷練，成為各樣專門人才，始足以言救國與建國的種種實際問題的解決。」那時，共結社團以救中國的意圖便已在漸漸成形了。一九一八年六月三十日王光祈、周太玄、陳愚生、張夢九、曾慕韓、雷眉生、李守常七人在北京南橫街嶽雲別墅的會議中，決議發起「少年中國學會」，他們七人成了原始發起人了。直到一九一九年七月一日正式召開學會成立會止，這一年中，學會的宣言、宗旨、信條以及規章，幾乎都由王光祈一人創一起草。其宗旨是：「振作少年精神，研究真實學問，發展社會事業，轉移末世風俗」，其信條是：「奮鬥，實踐，堅忍，儉樸。」，其第一條規章是：「本學會本科學的精神，為社會的活動，以創造少年中國為宗旨。」。

「少年中國學會」模仿義大利革命家馬志尼在西方創造「少年義大利」，是中國早年的一個重要的全國性組織。他們秉持著一股愛國救國的熱情而凝聚在一起，為挽救中國於列強環伺、國力虛弱的危亡處境中。其理想是創造一個永不老大的「少年中國」。其會員雖然不多，卻遍及海內外，北京、南京、濟南、天津皆是其活動範圍，甚至有巴黎分會，而東南亞的華僑也是學會刊物的重要讀者。「少年中國學會」出版很多刊物，有「少年中國」月刊、「少年世界」月刊等等，學者郭梵農認為它提供了「五四」時代思想動態的研究的最富於見證性的材料，其重要性及影響力絕不亞於當時風行一時的《新青年》和《新潮》雜誌。

素懷大志的王光祈，因「少年中國學會」分子與他當時的主張，多背道而馳，無由展其抱負，且由於政局環境的限制，青年活動無法得到正常的發展，驅使一班有志青年，在苦悶、失意之餘，只好再轉向更廣闊的世界，去求發展。王光祈便在這種情況下，隱忍著他對故國的愛戀，於一九二〇年四月一日，以北京《晨報》、上海《申報》、《時事新報》特約通信記者身份，與「少年中國學會」會友魏嗣鑾、陳寶鍔同行、赴歐留學。六月一日，抵德國法蘭克福，王光祈租定郊外寓所，決心在此專心學習德文，數月中，絕不履城市。此時，每晚由魏嗣鑾口譯德文報刊，王光祈筆記整理成文，寄回國內報刊發表，獲取稿費，以維生活。

王光祈赴德之初，原研習經濟。但因德人以音樂創作，著稱於世。一九二二年九月，王光祈由法蘭克福遷居柏林。冬，在柏林隨一德國私人教師學習小提琴和音樂理論。學者郭正昭認為王光祈為了篤踐他「音樂救國」的理論，希望從音樂王國中找出一個「烏托邦」來，以一個三十多歲的人，對中西樂理幾一無所知，完全從基本做起，是多麼艱鉅難能的一件事。直到他逝世，前後有十四年之久，他不但把自己練成一個優異的小提琴家，修成了中國第一個音樂博士（一九三四年六月以論《中國古典歌劇》一文，榮獲波昂大學音樂學博士學位。），而且更把自己造成一個最傑出的音樂思想家。一九三六年一月十二日，王光祈患腦溢血客死於德國波昂醫院，年僅四十四歲。

王光祈畢生事業，全在他的著作中。他以英、德文所著論文，凡十八篇，散見於當時德國知名的雜誌及英、義兩國百科全書中。而以中文譯、著諸書，近四十種。可分為四大類：

（一）音樂著述：（A）屬於東方部分者：《中國音樂史》、《中國詩詞曲之輕重律》、《翻譯琴譜之研究》（即中國樂器七弦琴指法之研究）及《中國詩詞曲之輕重律》四種。（B）屬於西洋部分者：《西洋音樂史大綱》、《西洋音樂與詩歌》、《西洋音樂與戲劇》、《西洋制譜學提要》、《西洋樂器提要》、《對譜音樂》、《各國國歌詳述》、《歐洲音樂進化論》、《西洋歌劇指南》、《西洋名曲解說》、《德國國民學校與唱歌》等十一種。（C）屬於東西音樂之比較者：《東西樂制之研究》及《王光祈音樂論文第一集》二種。

（二）國防叢書：《經濟戰爭與戰爭經濟》、《空防要覽》、《未來將才之陶養》、《德英法戰時稅政》及《國防與潛艇》等五種。

（三）中國近世外交史料：《瓦德西拳亂筆記》、《李鴻章遊俄紀事》、《美國與滿洲問題》、《三國干涉還遼秘聞》、《辛亥革命與列強態度》、《西藏外交文件》、《庫倫條約之始末》等七種。

（四）其他著譯：《西洋美術史入門》、《英德法文讀音之比較》、《德國人之婚姻問題》、《戰後德國之經濟》、《西洋話劇指南》、《德國之工役制度》、《音學》及《王光祈旅德存稿》等八種。

王光祈愛國情殷，雖羈留海外，但他關心中國當時的政治，以一個飽受經濟壓迫的窮學生，終日埋首在德國柏林圖書館，整理翻譯出「中國近世外交史料」七種，為研究中國近代史不可或缺的珍貴史料。晚清以來，列強謀我，鈎心鬥角。其中種種秘辛，以直接與其事者的記述，最為真確。王光祈找到這些德文、英文等一手史料，在異邦窮困的生活中，不顧自己的病體，努力的揮動他的一枝禿筆，日夜譯述。他嘗自語曰：「當余執筆時，腦輒作痛。爰以左手撫頸，右手作字，至痛楚無力，工作始廢。世或譏余譯著不精者，使其知余之生活為何似，將不忍苛責也。」是的，他的苦心孤詣，他的救國情操，終究一以貫之，儘管是在顛沛流離的萊茵河畔亦如是。這套叢書出版後，曾引起蔣介石的重視，特地透過駐德使館，轉詢王光祈，「如願回國，當圖借重」，希望他回國效力，可惜的是他卻猝然病逝。

《李鴻章遊俄紀事》一書係王光祈根據德文本的《維特伯爵回憶錄》中四章有關中俄交涉的內容翻譯整理的。維特伯爵（一八四九～一九一五）為俄國戰前最負時望之大政治家，有「俄國財政界彼得大帝」之稱。當李鴻章赴俄訂約之時，維特伯爵正任財政大臣；俄皇以其熟東方情形之故，特令彼與李氏談判，遂訂中俄密約。絕大部人中國人知道李鴻章、張蔭桓「接受俄國人賄賂」之事，可能是通過王光祈一九二八年翻譯出版的《李鴻章遊俄紀事》。

《美國與滿洲問題》一書係譯自一九二六年版的《德國戰前外交文件彙編》（Die

Diplomatischen Akten des Answärtigen Amtes 一八七一～一九一四）中之第三十二冊。按此書所載，多係戰前德國祕密外交文件，並嘗有德皇威廉第二御筆硃批在上，讀之頗可察見戰前國際形勢真相之一斑。在書中王光祈提出的唯有美、蘇兩國能夠制約日本的思想，從戰略上看，是正確的。王光祈在一九三一年就預見到唯有美、蘇兩國可以打敗日本，他不愧是個有戰略眼光的學者。

《瓦德西拳亂筆記》的作者阿爾弗雷德・格拉夫・馮・瓦德西（Alfred Graf Von Waldersee），德國人。早年入普魯士邊防炮隊，參加過普法戰爭。後任德國總參謀長，晉陞陸軍元帥。一九〇〇年八月任八國聯軍統帥，十一月抵達北京，指揮侵略軍由津、京出兵，侵犯山海關、保定、正定以及山西境內，鎮壓義和團，脅迫清政府接受議和大綱，擴大列強侵華權益。一九〇一年六月回國。著有《瓦德西回憶錄》三卷，於一九二三年出版。留學德國的王光祈，將《瓦德西回憶錄》中關於其在華任聯軍統帥之第三卷第十二章獨立譯出，名《庚子聯軍統帥瓦德西拳亂筆記》，一九二八年由上海中華書局印行。

《瓦德西拳亂筆記》按時間順序，收有自一九〇〇年八月至一九〇一年十一月期間，瓦德西所寫日記、筆記；給德皇的奏議、函電、報告，以及德皇的諭旨、函電等，記述和反映了八國聯軍在華侵略活動及其內部矛盾、鎮壓義和團運動、脅迫清政府接受議和大綱，以及八國軍隊燒殺搶掠等內容，對了解和研究八國聯軍侵華戰爭與義和團運動有一定的參考價值。

血歷史115　PC0737
新銳文創
INDEPENDENT & UNIQUE

多少樓臺煙雨中：
近代史料拾遺

作　　者　蔡登山
責任編輯　洪仕翰
圖文排版　周妤靜
封面設計　蔡瑋筠

出版策劃　新銳文創
發 行 人　宋政坤
法律顧問　毛國樑　律師
製作發行　秀威資訊科技股份有限公司
114 台北市內湖區瑞光路76巷65號1樓
電話：+886-2-2796-3638　傳真：+886-2-2796-1377
服務信箱：service@showwe.com.tw
http://www.showwe.com.tw
郵政劃撥　19563868　戶名：秀威資訊科技股份有限公司
展售門市　國家書店【松江門市】
104 台北市中山區松江路209號1樓
電話：+886-2-2518-0207　傳真：+886-2-2518-0778
網路訂購　秀威網路書店：http://store.showwe.tw
國家網路書店：http://www.govbooks.com.tw

出版日期　2018年4月　BOD一版
定　　價　340元

Printed in Taiwan

國家圖書館出版品預行編目

多少樓臺煙雨中：近代史料拾遺 / 蔡登山著. --
一版. -- 臺北市：新銳文創, 2018.04
面；　公分. -- (血歷史；115)
BOD版
ISBN 978-957-8924-03-1(平裝)

1.近代史 2.中國史 3.史料

627.6　　107001889

穿梭近代中國人物史料的最佳入口

⊙由文史學者蔡登山主編的40本珍貴史料，帶領讀者認識梅蘭芳、袁世凱、黃旭初、杜月笙、汪精衛、戴笠等近代人物！

書籍清單

出版品牌	條碼	書名	作者	紙本定價
獨立作家	9789865729561	黃旭初回憶錄——李宗仁、白崇禧與蔣介石的離合	黃旭初原著、蔡登山主編	580
獨立作家	9789865729783	黃旭初回憶錄——廣西前三傑：李宗仁、白崇禧、黃紹竑	黃旭初原著、蔡登山主編	460
獨立作家	9789869212762	黃旭初回憶錄——從辛亥到抗戰	黃旭初原著、蔡登山主編	350
獨立作家	9789869270410	黃旭初回憶錄——孫中山與陸榮廷的護法暗鬥	黃旭初原著、蔡登山主編	360

獨立作家	9789869270403	黃旭初回憶錄——抗戰前、中、後的廣西變革	黃旭初原著、蔡登山主編	370
秀威出版	9789863263227	我親見的梅蘭芳	薛觀瀾原著；蔡登山主編	360
獨立作家	9789865729516	往事——毛彥文回憶錄	毛彥文原著；蔡登山主編	480
秀威出版	9789863261339	謙廬隨筆——日本名醫眼中的民國人物復刻典藏本	矢原謙吉　原著；蔡登山主編	290
新銳文創	9789869486484	薛觀瀾談京劇	薛觀瀾原著；蔡登山主編	280
獨立作家	9789869006255	我在蔣介石與汪精衛身邊的日子	臧卓著／蔡登山編	550
獨立作家	9789869212779	臧卓回憶錄——蔣介石、張學良與北洋軍閥	臧卓　原著；蔡登山　主編	520
獨立作家	9789869315371	臧卓回憶錄——藏書與讀史	臧卓　原著；蔡登山　主編	400
獨立作家	9789865729677	杜月笙秘書見聞錄	胡敘五（拾遺）原著；蔡登山主編	300
秀威出版	9789863260905	上海大亨杜月笙	胡敘五著／蔡登山編	320
秀威出版	9789863261377	上海大亨杜月笙續集	簾外風著／蔡登山編	450
獨立作家	9789869315364	人往風微——趙叔雍回憶錄	趙叔雍原著；蔡登山主編	320
獨立作家	9789869363082	孫中山的左右手：朱執信與胡漢民	汪希文、張叔儔原著；蔡登山主編	340
獨立作家	9789865729370	我與江霞公太史父女——汪希文回憶錄	汪希文原著；蔡登山主編	250
獨立作家	9789865729356	北洋軍閥——雄霸一方	薛大可等著；蔡登山主編	400

獨立作家	9789865729349	北洋軍閥——潰敗滅亡	畢澤宇等著；蔡登山主編	480
新銳文創	9789869486460	北洋政壇見聞錄	薛觀瀾原著；蔡登山主編	450
獨立作家	9789865729325	袁世凱的開場與收場	薛觀瀾等著；蔡登山主編	500
新銳文創	9789869486477	民初報壇變色龍：薛大可憶往錄	薛大可原著；蔡登山主編	360
獨立作家	9789869244978	春申舊聞——老上海的風華往事	陳定山 原著；蔡登山 主編	460
獨立作家	9789869244961	春申續聞——老上海的風華往事	陳定山 原著；蔡登山 主編	450
新銳文創	9789865716912	西方夜譚：抗戰西遷文人文藝彙編（復刻典藏本）	張慧劍編選；蔡登山導讀	380
新銳文創	9789865716967	辰子說林——一二戰媒體人張慧劍的中外考察	張慧劍原著；蔡登山主編	270
獨立作家	9789868994621	戴笠與十三太保	蔡登山編／局外人著	280
獨立作家	9789865729097	吳國楨事件解密	李燄生等著；蔡登山編	330
獨立作家	9789869296304	民初大詞人況周頤說掌故：眉廬叢話（全編本）	況周頤 原著；蔡登山 主編	400
新銳文創	9789869545259	寄庵隨筆：民初詞人汪東憶往	汪東原著；蔡登山主編	280
新銳文創	9789869590730	晚清民初詩壇見聞：今傳是樓詩話	王揖唐原著；蔡登山主編	580
獨立作家	9789865729912	八國聯軍統帥：瓦德西拳亂筆記	Alfred Graf von Waldersee 原著；王光祈 譯；蔡登山主編	270
秀威出版	9789863260769	談余叔岩	孫養農 著；蔡登山 編	270

新銳文創	9789869545273	歐陽予倩回憶錄——自我演戲以來	歐陽予倩原著；蔡登山主編	230
獨立作家	9789865729417	王光祈帶你看清末民初外交史料——《李鴻章遊俄紀事》與《美國與滿洲問題》合刊	王光祈原譯；蔡登山主編	230
獨立作家	9789865729073	民國政壇見聞錄	李晉／口述；秦嶺雲／筆錄；蔡登山／編著	420
獨立作家	9789869244985	晚清民國史事與人物——凌霄漢閣筆記	徐彬彬 著；蔡登山 主編	450
獨立作家	9789869006279	彭昭賢、盛世才回憶錄合編	彭昭賢、盛世才著／蔡登山編	390
新銳文創	9789578924017	況周頤談掌故：餐櫻廡隨筆	況周頤原著；蔡登山主編	290

*所示定價皆為新臺幣

訂購管道

秀威網路書店：https://store.showwe.tw/

國家網路書店：https://www.govbooks.com.tw/

欲大量訂購者，請洽電話：+886-2-2796-3638

傳真：+886-2-2796-1377

E-Mail：service@showwe.com.tw

讀者回函卡

感謝您購買本書，為提升服務品質，請填妥以下資料，將讀者回函卡直接寄回或傳真本公司，收到您的寶貴意見後，我們會收藏記錄及檢討，謝謝！如您需要了解本公司最新出版書目、購書優惠或企劃活動，歡迎您上網查詢或下載相關資料：http:// www.showwe.com.tw

您購買的書名：________________________

出生日期：________年________月________日

學歷：□高中（含）以下　□大專　□研究所（含）以上

職業：□製造業　□金融業　□資訊業　□軍警　□傳播業　□自由業

□服務業　□公務員　□教職　□學生　□家管　□其它_____

購書地點：□網路書店　□實體書店　□書展　□郵購　□贈閱　□其他

您從何得知本書的消息？

□網路書店　□實體書店　□網路搜尋　□電子報　□書訊　□雜誌

□傳播媒體　□親友推薦　□網站推薦　□部落格　□其他__________

您對本書的評價：（請填代號　1.非常滿意　2.滿意　3.尚可　4.再改進）

封面設計____　版面編排____　內容____　文／譯筆____　價格____

讀完書後您覺得：

□很有收穫　□有收穫　□收穫不多　□沒收穫

對我們的建議：________________________

____

____

____

請貼
郵票

11466
台北市內湖區瑞光路 76 巷 65 號 1 樓
秀威資訊科技股份有限公司 收
BOD 數位出版事業部

(請沿線對折寄回，謝謝！)

姓　　名：________________ 年齡：________ 性別：□女 □男

郵遞區號：□□□□□

地　　址：____

聯絡電話：(日)________________ (夜)________________

E-mail：____